Thomas Boller

„Springt ab, Freunde, wir wurden getroffen …"

Thomas Boller

SPRINGT AB, FREUNDE, WIR WURDEN GETROFFEN …

DIE WELTWEITE RECHERCHE ZU EINEM FLUGZEUGABSTURZ 1944 ÜBER DÜSSELDORF

DROSTE VERLAG

Inhalt //

Vorworte	08
Editorische Hinweise	15
Prolog	17
John Patterson	19
Der Trainingsunfall	28
Briefing in Wickenby	33
Der Weg zum Bomber	49
Kurz vor dem Start	53
Der erste Einsatz	54
Der Luftkrieg – Die Aufrüstungsphase vor dem Zweiten Weltkrieg	55
Endlich an Bord	60
Der Bomber überfliegt den Ärmelkanal	63
Area Bombing Directive – Flächenbombardement	69
Noch immer im Anflug	70
Ein deutscher Nachjäger startet in Biblis	79
Der letzte Kurswechsel vor dem Ziel	81
Über Essen	83
Der Nachtjäger trifft auf den Bomber	85
Kontroverse über die Flächenbombardements	88
66 Jahre später	90
Spurensuche im Wildpark	90
Düstere Nachrichten	94
Ein Fall von Selbstjustiz in Essen	107
Zeitzeugen in Düsseldorf	109
Gräber in Hilden und in Düsseldorf	116
Die Untersuchung der Absturzstelle im Jahr 1946	118
Der Fall „Hilden"	120
Verhalten der Bevölkerung bei Flugzeugabstürzen	123
Die letzten Minuten an Bord	135

Inhalt //

Was ist Bert Hall widerfahren?	141
Wie es den drei Überlebenden ergeht	143
Bewertung der Zeitzeugenaussagen	145
Noch einmal Thiele	148
Späte Kontakte	156
Und Gustav Mohr?	157
Ein Netzwerk entsteht	158
Der 70. Jahrestag – ein Treffen an der Absturzstelle	165
Ein später Kontakt	169
Eine Gedenktafel	171
Nachworte	173
Danksagung	176
Anhang	182

*„Der Krieg ist kein Abenteuer.
Der Krieg ist eine Krankheit. Wie der Typhus."*

Antoine de Saint-Exupéry

Grußwort // **Bürgermeisterin Klaudia Zepuntke**

Wer heute den idyllischen Wildpark im Grafenberger Wald besucht, kann sich das schreckliche Ereignis, welches sich im Kriegsjahr 1944 dort abspielte, kaum vorstellen.

Als am 12. Dezember 1944 der britische Lancaster-Bomber im Verbund mit 539 weiteren Flugzeugen zu seinem Angriffsflug auf die Krupp-Werke in Essen startete, ging es den Alliierten darum, Deutschland in dieser späten Phase des Krieges einen weiteren vernichtenden Schlag zuzufügen. Sieben Männer aus fünf Ländern waren an Bord des Bombers – Männer aus Neuseeland, Wales, Schottland, Kanada, England.

463 Menschen fanden den Chroniken zufolge bei dem Angriff am Boden den Tod. Die Maschine wurde abgeschossen und ihre Trümmer wurden Jahre später im Wildpark Grafenberg von Archäologen gefunden und geborgen. Drei Besatzungsmitglieder überlebten den Absturz, vier Mitglieder starben. Sie sind heute auf dem britischen Ehrenfriedhof in Kleve begraben. Einige ihrer Angehörigen durfte ich bei einer Gedenkfeier anlässlich des 70. Jahrestages des Flugzeugabsturzes kennenlernen und in Düsseldorf willkommen heißen.

Diese Gedenkveranstaltung war ein Moment der Freundschaft und Versöhnung. Fast siebzig Jahre nach Ende des 2. Weltkrieges erinnerten wir uns gemeinsam seiner Opfer und stellten dankbar fest, dass aus den Feinden von damals heute Freunde geworden sind. Freunde, die gemeinsam in Europa und in Übersee für Frieden, Freiheit und Demokratie eintreten – für Werte, die in der schrecklichen Zeit des Nationalsozialismus in Deutschland mit Füßen getreten wurden, als Angst, Hass und Feindschaft die Welt regierten.

Im April 2017 wurde am Ort des Absturzes eine Gedenktafel aufgestellt. Sie macht die Geschichte des Luftangriffs und des Flugzeugabsturzes der Öffentlichkeit zugänglich und bewusst, wie wertvoll Frieden und Freiheit sind. Heute leben Menschen aus rund 190 Nationen in Düsseldorf friedlich zusammen. Es gibt Kontakte zu vielen Städten und Ländern der Welt, und wir dürfen seit über 30 Jahren die britische Stadt Reading unsere Partnerstadt nennen. Das alles ist ein großes Glück für Düsseldorf und ich bin allen dankbar, die daran mitwirken, diese Freundschaften zu gestalten.

Danken möchte ich auch der Bezirksvertretung für Gerresheim und Grafenberg, dem städtischen Garten-, Friedhofs- und Forstamt der Mahn- und Gedenkstätte sowie den ehrenamtlichen Archäologen des Rheinischen Amtes für Bodendenkmalpflege, die maßgeblich daran mitwirkten, dieses Kapitel der Düsseldorfer Stadtgeschichte aufzuarbeiten.

Mein besonderer Dank gilt Herrn Thomas Boller, der sich von Anfang an für die Aufarbeitung dieser Geschichte und das Aufstellen einer Gedenktafel einsetzte und nun dieses Buch verfasst hat. Vielen Dank für Ihr großartiges ehrenamtliches Engagement.

Klaudia Zepuntke
Bürgermeisterin der Landeshauptstadt Düsseldorf

Vorwort // **Dr. Peter Henkel**

Guernica, Warschau, Rotterdam, Coventry – diese Städte waren bereits von deutschen Bomben zerstört, bevor am 7. Dezember 1940 der erste schwerere Luftangriff auf Düsseldorf erfolgte. Diese britische Luftoffensive war eine Antwort auf die vollmundige Ankündigung der Nationalsozialisten, nach dem verheerenden Luftangriff auf das englische Coventry nun alle britischen Städte „coventrieren" zu wollen. Dass die alliierten Luftwaffen im Bombenkrieg wesentlich effizienter sein würden als die deutsche, hatte sich die NS-Führung nicht vorstellen können. Hermann Göring hatte als Chef der Luftwaffe noch großspurig betont, Meier heißen zu wollen, käme auch nur ein britisches Flugzeug in deutschen Luftraum.

Düsseldorf als wichtiger Standort von Verwaltung, Industrie und zahlreichen NS-Instanzen sowie das Ruhrgebiet mit seinen kriegswichtigen Betrieben und der Rüstungsindustrie waren für die Westalliierten ein bedeutendes strategisches Angriffsziel – zu einem dementsprechend frühen Zeitpunkt des Krieges kam es hier zu Bombardierungen aus der Luft.

Der Luftkrieg steigerte sich ab Mitte 1942 zusehends. Stadtverwaltung, Feuerwehr und Luftschutz waren kaum noch in der Lage, die verwüsteten Hauptstraßen zu räumen, Brände zu löschen oder die Verkehrsinfrastruktur aufrechtzuerhalten. Ausgangssperren und Verdunkelungen, Alarmsignale und Nächte in Luftschutzräumen und -bunkern prägten den Alltag der Bevölkerung. Hatte man zu Beginn des Luftkrieges noch versucht, Gebäude wieder aufzubauen oder zu restaurieren, versank die Stadt ab 1943 völlig im Chaos: Straßen waren unpassierbar, die Wasser- und Stromversorgung brach oftmals zusammen. Kinder und Jugendliche wurden in die „Kinderlandverschickung" in sichere Gebiete verbracht, ab Oktober 1944 wurde der Schulbetrieb endgültig eingestellt. Lebensmittel und Heizmaterialien wurden streng rationiert; Schwarzhandel, Plünderungen und Prostitution gehörten zum täglichen Leben in der Stadt.

Das NS-Regime reagierte darauf mit seiner eigenen Logik. Den noch in der Stadt lebenden Juden oder bekannten Regimegegnern wurde der Zutritt zu den überlebenswichtigen Schutzräumen ebenso versagt wie den Zwangsarbeitern aus der Sowjetunion oder aus Polen – obwohl sie es in den meisten Fällen gewesen waren, die die Bunker gebaut hatten. Sie mussten draußen bleiben und Schutz in offenen Gräben suchen. Wohnungen und Mobiliar der ab 1941 deportierten Juden vergab man an ausgebombte „Volks- und vor allem Parteigenossen". Hunderte KZ-Häftlinge wurden beim Bergen der Leichen, bei der Schuttbeseitigung und beim Entschärfen von Blindgängern eingesetzt. Hunderte Zwangsarbeiter wurden Opfer der Bombardements oder starben bei den lebensgefährlichen Arbeiten. Patienten in Heil- und Pflegeanstalten oder Altersheimen wurden in Tötungsanstalten deportiert oder durch Nahrungsentzug systematisch ermordet, um Bettenplätze für verwundete „Volksgenossen" „frei zu machen".

Gerade weil es immer wieder Stimmen gibt, die fragen, ob wir der Menschen gedenken sollen, die unsere Heimat bombardiert haben, muss an dieser Stelle ganz bewusst gesagt werden: Ja. Der Bombenkrieg war schlimm, und wir, die ihn nicht erlebt haben, werden es kaum nachvollziehen können, wie groß die Angst und der Schrecken in den Bunkern und Kellern war und wie sehr die Menschen traumatisiert wurden. Wie unermesslich das menschliche Leid war – das dürfen wir nicht relativieren. Aber wir müssen auch sehen, dass das NS-System dieses Leid für sich nutzbar gemacht und damit das Leiden der eigenen Bevölkerung verschärft hat.

Wir sollten stattdessen stolz sein auf das, was in den vergangenen 75 Jahren geleistet wurde: Nämlich, dass aus Kriegsgegnern, die sich unerbittlich bekämpft haben, Freunde geworden sind. Und das nicht nur auf offizieller Ebene, wenn Politiker und Funktionäre die Freundschaft zwischen den Völkern beschwören. Die Arbeit, die Thomas Boller geleistet hat, ausgehend von kleinen Flugzeugtrümmern, eine Geschichte zu erzählen, uns die Menschen zu zeigen, die in diesem Flugzeug unterwegs waren, und deren Leben greifbar zu machen – das ist gelebte positive Erinnerungskultur. Erst recht, wenn solche Recherchen zu völkerverbindender Kommunikation führen. Thomas Boller kann stolz darauf sein, dass ein Verwandter dieser Crew im kanadischen Fernsehen seine Arbeit mit dem wunderbaren Satz würdigte: We became friends.

Dr. Peter Henkel, Mahn- und Gedenkstätte Düsseldorf
(heute Planungsgruppe Haus der Geschichte Nordrhein-Westfalen)

Einleitung // **Thomas Boller**

Für mich begann die vorliegende Geschichte vor fast 15 Jahren, ohne dass mir das damals bewusst wurde. Im Rahmen einer Recherche zu einem alten Flugzeugmotor blätterte ich auf dem Düsseldorfer Nordfriedhof in einem Register von 1944. Nebenbei fiel mir ein Eintrag vom 14. Dezember mit dem Hinweis auf einen Flugzeugabsturz im Düsseldorfer Stadtteil Grafenberg auf. Damals schenkte ich dem keine weitere Beachtung. Mit dem Fund eines kleinen verwitterten Metallteils, das Forstmitarbeiter des Düsseldorfer Wildparks in einem Tiergehege im Jahr 2010 entdeckt hatten, änderte sich das. Es stammte offensichtlich von einem Flugzeug. Mir kam der Eintrag des Friedhofsregisters erneut in den Sinn. Ob es hier einen Zusammenhang gab? Gemeinsam mit einer Gruppe ehrenamtlicher Archäologen begann die aufwendige Suche nach weiteren Hinweisen, die auf einen Flugzeugabsturz in dem Wildpark hindeuten könnten. Das Ergebnis war beeindruckend.

Immer neue Fragen kamen auf: Was war das für ein Flugzeug? Woher kam es? Was führte zu dem Absturz? Ob diese Fragen Jahrzehnte nach dem Krieg noch zu beantworten waren? Anfangs überwog die Skepsis – dennoch begann die Suche nach den Antworten. Und mit jedem noch so kleinen Erfolg stieg die Motivation, tiefer in die Recherchen einzutauchen. Später kamen Themen wie das Flächenbombardement und dessen strategische und moralische Einordnung hinzu. Es ging um Opfer und Zerstörung, Leid und Not.

„Aber die haben doch Bomben auf unsere Städte geworfen." Immer wieder bin ich mit dieser Aussage konfrontiert worden. Ja, das haben „die", da gibt es nichts schönzureden. Aber wer waren „die" eigentlich, die das getan hatten? Eiskalte, emotionslose Kreaturen? Gewalt- oder vergeltungssüchtige Bestien? Dieses Buch zeigt ein anderes Bild auf. Es beleuchtet das private und militärische Leben einer jungen Bomberbesatzung. Es mag angesichts der Tatsache, dass diese jungen Soldaten Leid und Schrecken über die Menschen am Boden gebracht haben, auf den ersten Blick ambivalent erscheinen, dass es zugleich auch feinfühlige, gebildete Menschen waren.

Dieses Buch befasst sich eben auch mit dem Thema, was Überlebenden abgestürzter Bomber im damaligen Deutschland widerfahren konnte. Die Spannweite reicht von einer relativ humanen Behandlung bis hin zu tiefen menschlichen Abgründen, die in Lynchmorden endeten.

Das letzte Kapitel dieses Buches führt in eine andere, hoffnungsvollere Richtung: die Kontaktaufnahme zu den Angehörigen der einstigen Flugzeugbesatzung, die in Neuseeland, Kanada, Großbritannien und Chile leben, sowie zu dem Sohn desjenigen deutschen Piloten, der den britischen Bomber im Jahr 1944 abschoss. Wie haben sie reagiert, als sich jemand nach mehr als 70 Jahren aus Deutschland meldete? Jemand, der sein bisheriges Wissen über den Flugzeugabsturz teilen, aber auch mehr über den Vater, Bruder, Neffen oder Freund erfahren wollte? Womit ich nie gerechnet hätte: Das unscheinbare verwitterte Metallteil hat nach und nach zur Völkerverständigung beigetragen, internationale Freundschaften sind so entstanden. Und dafür hat es sich gelohnt, diese Geschichte zu recherchieren und aufzuschreiben.

Nun möchte ich Sie, liebe Leserin und lieber Leser, mit auf eine Reise nehmen, die vor über 75 Jahren begann und sich bis in die Gegenwart erstreckt. Ich wünsche Ihnen, dass diese Geschichte Sie genauso berührt und in den Bann zieht wie mich – auch (oder gerade?) diejenigen, die anfangs vielleicht dem Thema des Buches skeptisch gegenüberstanden …

Ihre Meinung, Eindrücke, Kritik oder Verbesserungsvorschläge zu diesem Buch würden mich sehr interessieren. Gerne dürfen Sie mir diese unter info@lancaster-nd342-memorial.de zukommen lassen.

Thomas Boller
Düsseldorf, den 5. Januar 2020

Editorische Hinweise //

Das vorliegende Buch ist eine populär formulierte Publikation, die nicht den Anspruch auf eine streng fachwissenschaftliche Abhandlung erhebt. Das vorrangige Augenmerk liegt auf dem breiten Spektrum des gesellschaftlich, geschichtlich oder technisch interessierten Lesers. Auf einen ausgiebigen Anmerkungsapparat wurde deshalb verzichtet.

Nicht verzichtet wurde auf erläuternde Kommentare des Verfassers, die in eckigen Klammern dargestellt werden; der Zusatz „d. Verf." entfällt zugunsten einer besseren Lesbarkeit. Gleiches gilt, soweit möglich, für Fußnoten mit vertiefend beschreibendem Inhalt. Diese finden sich stattdessen als Bestandteil des Textes wieder.

Unterstrichene Textstellen sind bereits im Originaldokument hervorgehoben und entsprechend übernommen worden. In historischen Zitaten wurde die alte Rechtschreibung beibehalten, orthografische oder grammatische Fehler in Briefen wurden stillschweigend korrigiert. Alle englischsprachigen Texte (Briefe, Telegramme, Einsatz- und Untersuchungsberichte etc.) hat der Autor nach bestem Wissen übersetzt. Dass es sich hierbei um Übersetzungen handelt, wird nicht explizit deklariert.

PROLOG

Hoffentlich ist das alles hier bald vorbei. John Patterson wünscht sich in diesem Moment nichts sehnlicher. Er möchte endlich zurück in seine Heimat, nach Kanada. Er hat das, was ihm in den vergangenen Monaten widerfahren ist, mehr als satt.

Heute ist der 12. Dezember 1944, es ist 16.16 Uhr. John sitzt eingepfercht im Heck eines Lancaster-Bombers, vor ihm vier Maschinengewehre – ein langer Flug ins Ungewisse steht unmittelbar bevor. Das Flugzeug steht auf einem Flugplatz im nordostenglichen Wickenby und wartet auf die Startfreigabe. Alles vibriert, der Lärmpegel hält sich in noch Grenzen. Aber auch das ändert sich in Kürze, sobald der Pilot Vollgas gibt.

Dann, um 16.18 Uhr, wird es laut und die vier 12-Zylinder-„Merlin"-Motoren setzen ihre über fünftausend Pferdestärken frei. Ein Ruck, die Bremsen sind gelöst und es geht los. Nicht etwa nach Kanada, sondern mitten ins heftig verteidigte Feindesland: ins Ruhrgebiet, nach Essen.

JOHN PATTERSON – VOM LÄSSIGEN LEBEN EINES SCHÜLERS ZUM MITGLIED EINER BOMBERBESATZUNG

Für John beginnt „das alles hier" zwei Jahre vorher mit der Musterung. Einen Tag vor Heiligabend im Jahr 1942 besiegelt er mit seiner Unterschrift den freiwilligen Beitritt in die Royal Canadian Air Force, die kanadische Luftwaffe. Ob er später Navigator, Funker, Schütze oder gar Pilot wird – das steht zu diesem Zeitpunkt noch in den Sternen. Genauso wenig ist klar, ob er in einem der begehrten Jagdflugzeug-Cockpits oder irgendwo an Bord eines Bombers sitzen wird.

John Patterson – 11. Dezember 1943 –
Foto: John Patterson

21/12/42
Good type. Solid athletic build. Average mental make-up. Good personality. Should do well.
T. Pashby F/L.

Ausschnitt aus den Musterungsunterlagen, in dem John körperliche und mentale Fitness bestätigt wird.

Den Musterunterlagen ist zu entnehmen, dass John kerngesund ist und bis auf Masern und Mumps keine Vorerkrankungen hat. Als Hobby gibt er das Sammeln von Briefmarken und Modellflugzeugen an, seine bevorzugten Sportarten sind Skifahren, Basketball, Hockey und (moderates) Golfspielen. Ein Alkoholproblem hat er nicht, er raucht zwölf Zigaretten am Tag. Dementsprechend stuft ihn der Stabsarzt als „luftwaffentauglich" ein und fügt hinzu: „Gute Grundform. Solider, athletischer Körperbau. Durchschnittliche mentale Veranlagungen. Sollte gut abschneiden."

Gutes sportliches Abschneiden ist er als leidenschaftlicher Skifahrer, Basketball- oder Hockeyspieler auch gewohnt. Zuvor, in den frühen 1940er-Jahren, führt John als Teenager ein eher unbekümmertes Leben. Er wohnt noch bei seinen Eltern in Ottawa. Sein zwei Jahre älterer Bruder Doug[1] erinnert sich später: „Wir hatten überhaupt keine Lust zu lernen, lungerten den ganzen Tag rum."

Vor Shermans Laden - John Patterson, Bill Chandler, Bill Broad, Mac Cuddy, Bud Kidd, Doug Tate (v.l.n.r.) – Foto: John Patterson

Die Schule bereitet ihm keine wirklichen Probleme, hier schlägt er sich wacker. Der Ausblick, demnächst stolz in Uniform seinem Land zu dienen – das klingt verlockend. Wenn das mal nicht die Chance ist, dem tristen Alltag zu entkommen.

John wird sich täuschen. Viel später schreibt er an seinen Bruder: „Glaube nicht, dass das hier glamourös ist, es ist alles andere als das." Zu diesem Zeitpunkt hat er bereits einige Einsätze über Deutschland hinter sich gebracht. Aber bis zum Start der Ausbildung bei der Royal Canadian Air Force und der Entscheidung, in welcher Position und Art von Flugzeug er einmal seinen Dienst verrichten wird, dauert es noch ein paar Monate. Schließlich gewährt die kanadische Luftwaffe allen, die noch zum College gehen oder studieren, bis zum entsprechenden Abschluss unbezahlten Urlaub.

Endlich, im Mai 1943 beginnt der Militärdienst. Die erste Ausbildungsstation ist in Mont Joli, einer Stadt in der kanadischen Provinz Québec. Dort befindet sich die No. 9 Bombing and Gunnery School, in der Bomben- und Bordschützen ausgebildet werden. Weshalb John als Bordschütze eingeplant wird – das bleibt unklar. Vielleicht herrscht gerade daran ein Mangel.

In Mont Joli lernt John einen jungen Mann aus Ingersoll kennen: William Reginald Stone, kurz „Bill". Die beiden werden gute Freunde. Dass die Freundschaft gerade einmal fünf Monate währen wird – das kann zu diesem Zeitpunkt noch niemand

No. 9 Bombing and Gunnery School, Mont Joli, Quebec, 1 Oct 1943 (John steht in der hinteren Reihe, 3. v.r.) – Foto: John Patterson

ahnen. Beim Abschluss seiner Bordschützen-Ausbildung am 15. Oktober 1943 wird John als 52. von insgesamt 126 seiner Klasse gewertet und als sehr intelligent bezeichnet.

Zwei Wochen später, am 30. Oktober 1943, geht John in Halifax an Bord des Schiffes, das ihn nach Europa bringen soll. Er verabschiedet sich bei seiner Freundin Elinor und bei seinen Eltern, dann bringt ihn sein Bruder zum Hafen. „John zog in den Krieg, doch wir taten so, als wäre es nur ein kleiner Ausflug, irgendwohin", so Doug.

Auch wenn der Krieg bereits seit vier Jahren in Europa, Russland, Nordafrika und im Pazifik tobt und Deutschland ein Land nach dem anderen angreift – in Kanada fallen keine Bomben. Hier geht das Leben seinen nahezu alltäglichen Gang. Vordergründig scheint der Krieg weit entfernt zu sein. Und doch immer häufiger treffen Nachrichten über verwundete oder getötete Soldaten ein. Auch Johns Familie, seinen Freunden und seiner Freundin ist mehr oder minder klar: Er wird demnächst hoch oben am Himmel in einem Bombenflugzeug fliegen – lebensgefährliche Einsätze über feindlichem Gebiet.

Das, was zu diesem Zeitpunkt noch wie ein „Abenteuer" anmuten mag, beginnt ...

BRIEF VOM 23. DEZEMBER 1943

„Liebste Mama und Papa,
endlich habe ich frei und verbringe meine Zeit in London. Bill und ich haben acht Tage Urlaub und wir hoffen, eine lockere Zeit zu haben und dass wir uns die Sehenswürdigkeiten anschauen können. Wahrscheinlich werden wir unser Weihnachtsessen hier zu uns nehmen und ich denke, es gibt Truthahn. Ich hoffe es jedenfalls. Aufgrund der Vorteile, die wir haben, ist es hier gar nicht teuer. Während unserer Urlaube kosten uns die Fahrten mit der Eisenbahn gar nichts. Die Übernachtung mit Frühstück kostet nur etwa 55 Cent. Ich denke, das ist angemessen, oder?
Ich komme mit dem Geld, das ich erhalte, sehr gut aus. Inzwischen solltet ihr meine monatliche Überweisung nach Hause erhalten haben. Wenn ich 25 Dollar pro Monat nach Hause schicke, summiert sich der Betrag auf 300 Dollar pro Jahr – das ist doch einiges. Jetzt habe ich seit über zwei Wochen keinen Brief mehr von euch erhalten. Ich hoffe, jede Menge Briefe bei meiner Rückkehr auf der Trainingsstation vorzufinden. Ich erhielt vor

ein paar Tagen vier Briefe von Elinor, die sie vor ungefähr einem Monat versendet hat. Auf den Trainingsstationen erhalten wir jede Woche die kanadischen Pressemitteilungen. Hier erfahren wir die wichtigsten Ereignisse aus Kanada und von den Eishockeyspielen. Ich las auch, dass es in Ottawa bereits Minus 20 °F [-29 °C] sind. Das Wetter hier ist sehr mild, allerdings feucht und bis jetzt ohne Aussicht auf Schnee – und das zwei Tage vor Weihnachten. Ich nehme an, dass man bei euch, jetzt wo ich weg bin und es nicht genießen kann, gut Skifahren kann. Ihr könntet Doug bitten, mir irgendein Skimagazin zuzusenden, von dem er meint, dass es mir gefallen könnte.

Ich hoffe, Leute, euch zuhause geht es gut und ihr genießt alles. Bleibt gutgelaunt und macht euch keine Sorgen um mich. Mir geht es hervorragend. Bis demnächst, ich schreibe so bald wie möglich. Liebe Grüße John R XXXX [2]"

Den nächsten Brief an die Eltern schreibt John elf Tage später.

BRIEF VOM 3. JANUAR 1944

„Ich bin gerade zwei Tage zurück aus dem London-Urlaub. Weihnachten und das Weihnachtsessen habe ich im „Knight of Columbus" Hotel verbracht. Da ich nicht sonderlich fröhlich war, hatte ich auch keine Lust nach Hause zu schreiben. Es gab Truthahn, aber es war einfaches Restaurantessen. Bill und ich haben das Beste draus gemacht und hatten einen ziemlich guten Urlaub.

Bill, ich und unsere Besatzung sind wieder umgezogen. Wir sind in der gleichen O.T.U. [3] [Operational Training Unit, eine Schulungseinheit für Einsätze], allerdings auf einer Außenstelle. Wir warten auf besseres Wetter, damit wir mit dem Fliegen beginnen können. Das Wetter ist immer noch sehr mild, ohne Aussicht auf Schnee, dafür mit 99 Prozent Luftfeuchtigkeit.

Typische Baracke auf einem Royal-Air-Force-Flugplatz während des Zweiten Weltkriegs –
hier im britischen Elvington, in der Nähe von York –
Foto: Thomas Boller

Könntet ihr mir alle Artikel, die mit Ski und Skirennen zu tun haben, zusenden? Ebenso Ski-Magazine? Vor Langeweile werde ich hier ganz müde, in gewisser Hinsicht ist das aber auch mal ganz nett. Solltet ihr mir Lebensmittel zusenden wollen, hier sind ein paar Dinge, die ich mag: Sardinen, Marmelade, Honig, Kakao, Früchtekuchen und Obstkonserven. Ihr habt kürzlich mal erwähnt, dass ihr mir Tee zusenden wolltet. Das ist in Ordnung, aber bitte nicht zu

viel, denn wir bekommen drei Mal am Tag Tee. Schokolade wäre ebenfalls sehr gut, da es hier keine gibt.

Wir sind nun zu zwölft in kleineren Baracken untergebracht, das entspricht zwei Besatzungen.

Gerade sitze ich auf meiner Bank neben dem Ofen und es ist mollig warm und angenehm. Ansonsten gibt es nicht viel mehr zu berichten. Ich schreibe euch bald wieder.

Bis dahin, liebe Grüße und Küsse John R.

P. S. Sagt Doug, er soll mal schreiben und grüßt Elinor lieb von mir, wenn ihr sie seht."

Die Kanadierin Elinor Strike ist Johns Freundin. Als John diesen Brief schreibt, sind sie bereits seit zwei Jahren ein Paar.

Elinor Strike, John R. Patterson, Dorothy „Dot" Ensor (Doug Pattersons Freundin und zukünftige Frau), Doug Patterson; Ottawa 1943 – Foto: John Patterson

John bittet in den kommenden Briefen immer wieder um Lebensmittel und andere Alltagsgegenstände. Es mag zunächst erstaunlich klingen, dass er im Jahr 1944 in England offenbar keinen Zugang zu Marmelade, Honig oder Schokolade hat.

„Ich übertreibe nicht, wenn ich sage, dass alles aus Kanada wie ein Lottogewinn schmeckt. Ich habe genügend Geld, doch was nutzt es mir, wenn ich dafür nichts Vernünftiges zu Essen kaufen kann? In den Restaurants in der Stadt bekommt man Tee (was sonst), einfachen Toast, Käsesandwich, manchmal Toast mit Bohnen, meistens Brötchen und Kuchen.

Ob das nicht ausreichend ist? Für Kanadier und Amis ist das sehr gewöhnungsbedürftig, zumal wir üppige Lebensmittel gewohnt sind."

Don Eastman, MacDonald College, 1941 – Foto: John Patterson

Ähnlich wie in Deutschland werden die Lebensmittel auch in England knapp, es wird massiv in die Rüstung investiert. Wohl denen, die einen eigenen Garten haben, der genügend Lebensmittel abwirft. Eingekocht bringen diese die eigene Familie über die Runden – und werden als Tauschware genutzt.

BRIEF VOM 7. JANUAR 1944

„Ich bekam furchtbar Heimweh als ich las, dass ihr ein paar meiner Freunde getroffen habt. Ich wünschte, daheim zu sein und mit Doug Skifahren zu können oder noch besser mit Don Eastman im Norden."
Den Kanadier Don Eastman kennt John vom MacDonald College, das auf Agrarwissenschaften spezialisiert ist.

Von hier aus gehen beide gemeinsam zur kanadischen Luftwaffe, Don wird zum Jagdflieger ausgebildet. *„Wir dürfen monatlich nur vier von diesen (blauen) Luftpostbriefen versenden. Entsprechend werde ich sparsam damit umgehen und euch einmal in der Woche auf Airgraphs und einen normalen Brief schreiben. Ich habe zwar andere, (graue) Luftpostbriefe, bin aber der Meinung, dass diese nicht so gut sind."*

> Airgraph ist ein für die damalige Zeit recht modernes System, mit dem Soldaten während des Krieges Nachrichten an ihre Angehörigen senden können. Auf ein spezielles Formblatt wird die Nachricht geschrieben, mit einer Nummer gekennzeichnet und dann auf Mikrofilm fotografiert. Dieser wird in die Heimat geflogen. Das sehr geringe Gewicht und Volumen bei gleichzeitig hoher Informationsdichte (= eine Vielzahl an Briefen) sind die wesentlichen Vorteile – sie sparen während des Fluges Platz und Sprit.

John ist ein eifriger Schreiber. Die mehr als 40 Briefe an seine Eltern und seinen Bruder dürften nur die Spitze des Eisbergs sein. Der erhaltene Schriftverkehr belegt: Zählt man die Briefe an die Verwandten, Freunde und Bekannte hinzu, müssen es deutlich mehr gewesen sein. John schreibt zumeist auf standardisiertem blauem Luftpostpapier. Das ist sehr dünn und somit leicht.

Briefe und Telegramme stellen die günstigste Verbindung in die Heimat dar. Transatlantische Telefonleitungen gibt es 1944 noch nicht, diese gehen erst 1956

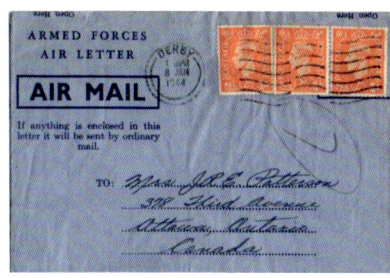 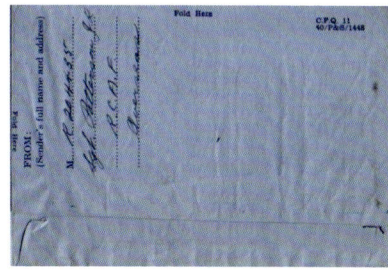

Vorderseite eines Luftpostbriefs – Foto: John Patterson

Rückseite eines Luftpostbriefs – Foto: John Patterson

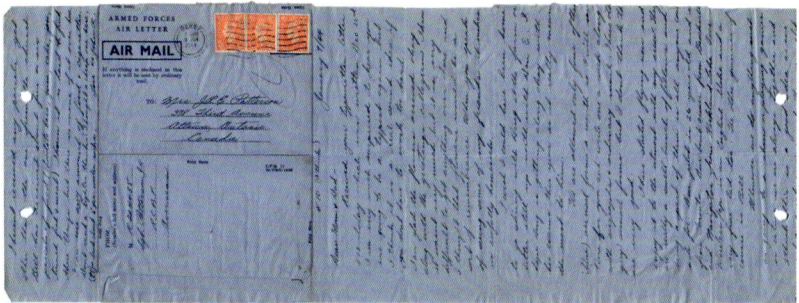

Entfalteter Luftpostbrief – Montage: Thomas Boller

in Betrieb. Direkte Gespräche sind nur über eine sehr teure Langwellenfunkverbindung möglich – und die ist den Soldaten nicht zugänglich. Bis auf wenige Ausnahmen sind die Briefe knapp gehalten. Das liegt unter anderem am Format des Luftpostbriefs, der aus nur einer Seite besteht. Nach dem Beschreiben wird das Papier speziell gefaltet und mit einer Lasche zugeklebt.

John fährt fort: *„Ich habe endlich mit dem Fliegen begonnen und genieße das mit meiner Besatzung außerordentlich. Es sind wirklich großartige Kerle und mit denen zusammen sein zu dürfen ist alles, was man sich wünschen kann. Unser Pilot ist 26 Jahre alt und kommt aus Toronto, der Bombenschütze aus Brockville und der Navigator aus Kirkland Lake. Unser Funker ist ein Engländer und ebenfalls ein feiner Kerl. Bill ist selbstverständlich der andere Bordschütze.*
Wo auch immer wir hingehen, auf Shows, Spielen oder zum Essen, wir machen es immer gemeinsam. Ich denke, das ist auch gut so, denn das fördert den Teamgeist. Und das ist wichtig.
Außer von der Kirche habe ich bis jetzt überhaupt noch kein Paket erhalten. Bill hat fünf oder sechs mit Lebensmitteln (Schokoladenriegel, Kaugummi, Kuchen, Dosenfisch und -fleisch). Ich weiß, dass es nicht leicht ist, das zu besorgen, aber hier gibt es das gar nicht.

Ich kann jede Menge Lebensmittel und Zigaretten gebrauchen. Bitte schickt mir kein Feuerzeug, ich habe ein günstiges hier gekauft.
Liebe Grüße
John R. XX
P.S. Schickt mir mal fünf Paar Socken."

Nicht dass John hier das erste Mal während seiner Ausbildung fliegt. Zwar hat er bereits einige Trainingsflüge in Mont Joli absolviert, jedoch in einmotorigen Trainingsflugzeugen, gesteuert von unterschiedlichen Piloten. Hier, bei der 28. O.T.U in Castle Donnington, wird mit zweimotorigen Vickers-Wellington-Bombern geflogen. Endlich kann als Team das zuvor theoretisch Erlernte in die Praxis umsetzt werden – und zwar mit der eigenen, nun feststehenden Besatzung. Dazu gehören:

John steht links in der oberen Reihe, daneben, in der Mitte, Bill Stone. Leider können die beiden anderen nicht mehr zugeordnet werden, Aufnahme vom 11. Dezember 1943 – Foto: John Patterson

Pilot John M. Stephens – Foto: John Patterson

Pilot Sergeant John Melville Stephens, 26 Jahre
Navigator Sergeant Eric Edmond Cowie, 20 Jahre
Bombenschütze Sergeant John Halifax Casselman
Funker Sergeant James Albert Webb, 20 Jahre
Heckschütze Sergeant William Reginald Stone, 19 Jahre
John ist der mittlere, obere Bordschütze

Neben den Eltern und Verwandten sind es auch die Kirchen, Wohlfahrtsverbände oder sonstige Institutionen, die Hilfspakete aus der Heimat nach Großbritannien senden. Das gibt es auch in Deutschland: Allerorts wird die Bevölkerung aufgerufen, für die Soldaten an der Front Pakete mit Nahrungsmitteln zu spenden. Doch das ist häufig gar nicht so einfach – erst recht nicht, wenn es kaum für das eigene Überleben reicht. In Kanada sieht das anders aus.

John spürt, wie der Lancaster-Bomber auf der Betonpiste in Wickenby die Bodenhaftung verliert und träge in den Himmel aufsteigt. Da er entgegen der Flugrichtung sitzt, presst es ihn leicht in seinen Sicherheitsgurt. Den Flugplatz sieht er in der beginnenden Abenddämmerung allmählich dahinschwinden.

Der 12. Dezember 1944 beginnt für den Heckschützen und dessen Besatzung mit einem Routineprogramm. Zunächst steht am Vormittag ein anderthalbstündiger Trainingsflug an. In den vergangenen Tagen hat es in Wickenby leicht geschneit, Einsätze werden geplant und dann kurzfristig wieder storniert: Zu schlecht ist das Wetter – nicht nur hier, sondern auch über den Zielgebieten. Der letzte Einsatz liegt bereits neun Tage zurück. Am frühen Nachmittag kommt schließlich die Mitteilung, dass am Abend ein weiterer Flug ansteht.

Die Idee, den Kriegsgegner aus der Luft anzugreifen, ist fast so alt wie die Geschichte der Luftfahrt. Sind es zunächst Ballone, aus denen kleinere Bomben abgeworfen werden, entwickelt sich der Luftkrieg und die damit verbundene Aufrüstung ab dem Ersten Weltkrieg rasant. Zeppeline und die ersten großen Bomber werfen Bomben über gegnerischem Gebiet ab. Der Vorteil, aus der Luft anzugreifen, liegt auf der Hand: Sind es über Jahrtausende Grenzen, Frontverläufe oder Festungen, die es zu überwinden gilt, ist es nun möglich, schnell und weit ins feindliche Land einzufliegen, dort Schaden anzurichten und schließlich wieder auf sicherem Territorium zu landen. Im Vergleich zu Bodentruppen und den meisten anderen Waffengattungen bedeutet das auch, dem reinen Kampfgeschehen immer nur für einige Stunden ausgesetzt zu sein – minder gefährlich ist das allerdings nicht.

BRIEF VOM 3. JANUAR 1944

Auf den nächsten Brief warten Johns Eltern mehrere Wochen. Wahrscheinlich schreibt John weiterhin – die Nachrichten kommen aber aus irgendwelchen Gründen nicht an. So liegen zwischen dem letzten und dem folgenden Brief 72 Tage.

„Ich bin wieder zu meiner alten Einheit[4] zurückgeschickt worden, dort, wo sich die Crews zusammenfinden. Jetzt werde ich erneut abkommandiert und bin morgen hier weg. Wie ihr seht, komme ich hier gut rum. Eure Post hat mich noch nicht erreicht, was ich natürlich vermisse. Ich habe lange Zeit damit verbracht, herauszufinden, wohin sie gegangen ist. Immer, wenn ich benachrichtigt wurde, war ich schon wieder auf einer anderen Station. Auf der nächsten werde ich längere Zeit verbringen, sodass meine Post wieder regelmäßig zugestellt wird. In fast zwei Monaten habe ich einen Brief von euch und einen von Elinor erhalten. Das war alles. Ich weiß, das ist nicht eure Schuld.

Seit dem 3. Februar 1944 habe ich eine Unmenge an Papierkrieg erledigen müssen und es hört gar nicht auf. Das macht keinen Spaß und ich hoffe, sowas nie wieder durchmachen zu müssen. Ich habe viele Briefe wegen der Jungs erhalten und bin immer noch damit beschäftigt, diese zu beantworten. Es ist nicht einfach, diese Briefe zu schreiben, aber ich bin der Meinung, dass ich das ganz gut hinbekomme. Sicherlich habe ich euch schon geschrieben, dass der Schlimmste an Frau Stephens war.

Dennoch, mir geht es gut, und ich hoffe, in Kürze wieder am schönsten Ort in der Welt zu sein. Von jemandem, der euch sehr vermisst, alles Gute für die Zukunft, euer euch liebender Sohn Chud[5]"

Zurück zur alten Einheit? Unmengen an Papierkram? Viele Briefe wegen der Jungs? Ein schlimmer an Frau Stephens, der Mutter seines Piloten? Was hat sich am 3. Februar 1944 zugetragen?

DER TRAININGSUNFALL

Es soll ein gewöhnlicher „Cross-Country-", ein Überland-Trainingsflug werden, seit Januar ist es schon der elfte. Doch der am 3. Februar 1944 endet in einer Tragödie.

12.02 Uhr der Start. Geübt werden das Zusammenspiel der einzelnen Positionen an Bord, aber auch die verschiedenen Situationen, die später im Einsatz ge-

Vickers Wellington Bomber – Aufnahme im Royal Air Force Museum London – Foto: Thomas Boller

meistert werden müssen: Starts und Landungen, Flüge bei Tag oder Nacht, Beherrschen des Fluggeräts, Navigieren zum Ziel, Bombenabwurftraining, Ausweichmanöver bei Luftkämpfen, Schießtraining und was noch alles dazugehört. Das Flugzeug, ein zweimotoriger Vickers-Wellington-Bomber B.1C mit der Seriennummer Z1114 ist den Männern vertraut, fünf vorherige Flüge sind sie mit ihm bereits geflogen. Fabrikneu ist der Bomber nicht gerade, das Flugbuch weist viele Kriegseinsätze in unterschiedlichen Geschwadern aus. Auch wenn das Alter des Flugzeugs mit dreieinhalb Jahren gering klingen mag: Die Belastung an das Material ist enorm. Seit Inbetriebnahme der schweren viermotorigen Bomber wird die Wellington kaum noch für Einsätze verwendet, die Ausgedienten werden als Trainingsflugzeuge genutzt. Wenig verwunderlich ist, dass deren Zustand, trotz Wartung, häufig nicht der Beste ist. Und es passieren immer wieder Flugunfälle – nicht selten aufgrund von „technischen Ursachen".

VICKERS WELLINGTON B.1C

Hersteller:	Vickers-Amstrong
Erstflug:	15. Juni 1936
Produktionszeit:	1936 bis 1945
Besatzung:	6 Mann
Länge:	19,69 m
Spannbreite:	26,26 m
Triebwerke:	2 x Bristol Pegasus, 9 Zylinder Sternmotor, 1.050 PS
Höchstgeschwindigkeit:	378 km/h in 4.700 m
Bombenzuladung:	2.000 kg

Um kurz nach halb sechs abends, nach fünf Stunden und 40 Minuten Flugzeit – das Trainingsprogramm ist erfolgreich absolviert – freut sich die Besatzung auf den wohlverdienten Feierabend. Dann kommt alles anders. Wenige Minuten später, um 17.42 Uhr, stürzt der Bomber kurz hinter dem Flugplatzgelände ab und geht in Flammen auf. Johns komplette Besatzung, darunter sein Freund Bill Stone, kommt dabei ums Leben. Er selbst ist somit der einzige Überlebende.

Drei Tage später sendet die Royal Canadian Air Force (RCAF) Johns Vater „MR J R A PATTERSON 378 THIRD AVENUE OTTAWA ONTARIO" ein Telegramm:

BEDAUERN IHNEN MITTEILEN ZU MÜSSEN DASS IHR SOHN R ZWEI NULL VIER VIER DREI FÜNF SERGEANT JOHN RICHARD PATTERSON IM AKTIVEN DIENST ALS SCHWER VERLETZT GEMELDET WURDE DRITTER FEBRUAR STOP BRIEF FOLGT.

Telegramm der Royal Canadian Air Force vom 6. Februar zum Flugunfall

Der offizielle Untersuchungsbericht der Royal Air Force beschreibt den Unfall wie folgt: „Dauer des Fluges seit dem letzten Start: 5 Stunden, 40 Minuten. Das Flugzeug kehrte von einem Überlandflug zurück und führte eine Rechtskurve über den Flugplatz durch. Es schien, dass es nur mit dem steuerbordseitigen [rechten] Motor flog. Ein Landeanflug wurde durchgeführt, die Flughöhe sank auf etwa 100 Fuß [30 Meter]. Die Motordrehzahl wurde wieder erhöht und es wurde offenbar versucht, mit nur einem funktionstüchtigen Motor durchzustarten. Das Flugzeug flog, dem Strömungsabriss nahe, über den Flugplatz hinweg und stürzte unmittelbar hinter dem Flugplatzgelände ab."

John gibt den Unfallhergang ähnlich wieder: *„Nach einem fünfstündigen Flug, wir befanden wir uns auf dem Rückweg zu unserer Basis in Castle Donnington, meldete der mittlere Bordschütze dem Piloten, dass der linke Motor in Flammen stand. Zu diesem Zeitpunkt befanden wir uns über Wymeswold und der Pilot teilte uns mit, dass wir zur Landung ansetzen. Der Bombenschütze saß neben dem Piloten, Funker und Navigator waren an ihrer üblichen Position und der mittlere Bordschütze öffnete die Astrokuppel. Nachdem der Pilot den Befehl „Fertig machen zum Landen" gab, wurde nicht mehr über den Bordsprechfunk gesprochen. Wir kamen rein zur Landung, flogen allerdings in ca. 200 Fuß [61 Meter] Höhe entlang der Landebahn. Am Ende der Landebahn führte der Pilot eine Drehung nach rechts aus. Kurz nach der Kurve kippte das Flugzeug auf die Seite und ging beim Aufprall in Flammen auf. Ich erlitt einen Schnitt am Kopf, war aber die* *ganze Zeit bei Bewusstsein. Ich wurde zur Behandlung ins Krankenhaus nach Wymeswold gebracht und später nach Rauceby."* [6]

Dem Krankenbericht zufolge erleidet John eine zehn Zentimeter lange Schnittwunde an der rechten Schädelseite, dem sogenannten Scheitelbein. Zudem wird eine leichte Abschürfung am linken Knie festgestellt. Der Puls liegt bei 84, Hinweise auf einen Schock liegen nicht vor. Die Röntgenaufnahme des Schädels zeigt keine Fraktur, neurologische Anomalitäten werden ebenfalls nicht festgestellt. John wird schließlich für 20 Tage dienstuntauglich geschrieben.

Am 29. Februar 1944 erhält Johns Vater den von der RCAF angekündigten Brief:
"Sehr geehrter Herr Patterson,
bezugnehmend auf mein kürzlich versandtes Telegramm, erhielt ich die Auskunft vom Royal Canadian Air Forces Casualties Officer [Offizier für Opfer-/Verlustangelegenheiten], dass Ihr Sohn John Richard Patterson am 14. Februar 1944 aus dem Krankenhaus entlassen wurde und zu seiner Einheit zurückgekehrt ist. Er wurde angehalten, Ihnen schnellstmöglich zu telegrafieren.
Ich freue mich mit Ihnen, dass Ihr Sohn wieder gesund ist.
Mit freundlichen Grüßen
W. R. Gunn
Squadron Leader
R.C.A.F. Casualties Officer,
for Chief of the Air Staff"

Über Johns psychische Verfassung wird nirgends etwas vermerkt. Er hat vor wenigen Tagen einen Flugzeugabsturz überlebt und dabei sechs seiner Kameraden verloren. Krisen-Interventions-Teams, wie wir sie heute kennen, gibt es im Jahr 1944 bei der Royal Air Force nicht. Aus militärischer Sicht ist es wichtiger, die schnellstmögliche Genesung herbeizuführen – um wieder dienstfähig zu sein.
Nun erklären sich auch die von John zuvor erwähnten Briefe. Es ist nicht nur der an die Mutter des Piloten, mit Sicherheit schreibt er auch an alle anderen Hinterbliebenen seiner verstorbenen Besatzungsmitglieder. Und die Royal Air Force fordert zudem Berichte von ihm.

Immer noch in der Ausbildung, ist das für John der erste große Schock bei der Royal Air Force. Was mag ihn da später erst einmal während der Einsätze erwarten? Zeit zum Trauern wird ihm jedenfalls nicht gewährt. Und so geht es mit seiner Rückversetzung zur vorherigen Einheit direkt nach seiner Genesung mit dem Training weiter. Freunde und Kameraden zu verlieren – das wird John noch häufiger erleben müssen ...

BRIEF VOM 24. MÄRZ 1944

„Die Möglichkeit, nach Hause zu kommen, wurde mir nicht gewährt, da ich wieder flugfähig bin. Sollte ich irgendeine Chance sehen, nach Hause zu kommen, könnt ihr euch sicher sein, dass ich diese nutzen werde."

Im nächsten Brief erwähnt John den Absturz nur noch in einem Satz. Er hat die Nase voll von dem, was ihm widerfahren ist. Sicher – das permanente Erinnern an das Erlebte, der offizielle Papierkram und das Schreiben der traurigen Briefe nagen an ihm. Über die jetzige Station berichtet er frustriert: *„Sie ist schrecklich weit ab vom Schuss und ich komme zudem kaum hier weg."* Hinzu kommt, dass *„das Essen fürchterlich ist, die Offiziere ein Haufen Trottel und die blöden Regeln hier sehr ärgerlich und lästig sind".* Als wäre das nicht schon genug, sind dort auch wenige Kanadier stationiert, in seiner Hütte ist er der Einzige. *„Ich fühle mich ziemlich einsam und alleine, trotzdem mache ich das Beste draus, denn ich weiß, alles wird gut."* Und zu allem Überfluss hat er immer noch keine Post aus der Heimat bekommen.

Aber wenigstens das wird sich drei Tage später ändern: *„Als der Postbote heute in die Sergeant-Messe kam, habe ich den Jackpot geknackt. Ich habe 33 Briefe aus Kanada erhalten und nun, nach dreieinhalb Stunden, endlich durchgelesen. Die ältesten sind vom 6. Januar, die jüngsten vom 9. März. Alleine von euch waren es fünfzehn. Diese waren mir am Wichtigsten, also schreibe ich euch auch zuerst. Da dies mein letzter blauer Luftpostbrief ist, sagt Elinor bitte, dass sie noch etwas warten muss. Diese Briefe bedeuten mir unglaublich viel und helfen mir, über die Einsamkeit hinwegzukommen."* Eine Frage beantwortet er sofort: *„Papa, Du hast recht bezüglich der Zweimotorigen, in Kürze werde ich wieder mit denen fliegen. Wir sind auf dem Flughafengelände abgestürzt und nachdem Herr Stone mit dir gesprochen hat, wo das war, brauche ich ja nichts Weiteres dazu zu sagen."* Also stehen auch die Eltern untereinander in Kontakt.

Einen wichtigen Rat adressiert er an seinen Bruder: *„Überredet ihn, diesen Sommer im Büro zu arbeiten und so lange wie möglich im Zivilleben zu bleiben. Ich meine das ernst und er würde es verstehen, wenn er an meiner Stelle wäre. Das ist nicht nur meine Meinung, sondern die vieler anderer. Eigentlich würde fast jeder, der sich im aktiven Dienst befindet, das gleiche sagen."* Nach kurzer Zeit bei der RCAF und zudem noch während der Ausbildungsphase schwindet der ursprüngliche Abenteuergedanke dahin – die Realität des Krieges hat John eingeholt.

Zwei Monate nach dem Flugunfall, am 4. April 1944, setzt John seine Trainingsflüge fort – wie vorhergesagt, in einem Vickers-Wellington-Bomber. Er befindet sich bei der 83. O.T.U. in Peplow, zirka 70 km nordöstlich von Birmingham.

Nach allem, was John widerfahren ist, wird er seinen Platz im hinteren Waffenstand mit gemischten Gefühlen eingenommen haben. Auch wenn er während dieses vierstündigen Fluges hochkonzentriert sein muss – auf dem Trainingsprogramm steht der Zweikampf in der Luft – sicherlich wird er an seine verstorbenen Freunde und die schrecklichen Bilder, die er nach dem Absturz erlebt hat, erinnert.

BRIEFING IN WICKENBY

In Wickenby erfahren John und seine Kameraden am frühen Nachmittag des 12. Dezember 1944, dass es heute einen weiteren Einsatz geben wird – und dass es ein langer, gefährlicher Flug werden könnte.

Die zu bombardierenden Ziele werden vom Bomber Command Headquarter der Royal Air Force geplant und anschließend an die vorgesehenen Flugplätze weitergegeben. Da die meisten Bombenangriffe der Briten je nach Jahreszeit am frühen Abend oder in der Nacht geflogen werden – also im vermeintlichen Schutz der Dunkelheit – findet das Briefing in der Regel am frühen Nachmittag statt. Die ausgewählten Besatzungen treffen sich im sogenannten Briefing-Room und werden mit wichtigen Informationen über die bevorstehende Operation versorgt. Nach kurzer Zeit ist der Raum vom Zigarettenrauch völlig verqualmt. Wie immer hat zunächst der Nachrichtenoffizier das Wort.

Die Flugroute wird mit einem roten Band auf der Karte dargestellt, Fähnchen zeigen wichtige Punkte wie das Ziel, die Position von Flakstellungen oder Suchscheinwerfern an. Es folgen Details über den Zielort und auch, warum das Bomber Command Hauptquartier diesen ausgewählt hat. Heute ist es wieder ein gefährliches und demzufolge von allen Besatzungen gefürchtetes Ziel: Es geht mitten ins Feindgebiet, zu den Krupp-Werken in Essen. Dafür werden 31 Flugzeuge aus Wickenby benötigt – mit 217 Männern an Bord.

Geplante Flugroute – Grafik: Oliver Bößer

Sicherlich, das Deutsche Reich ist zum Ende des Jahres 1944 bereits sehr geschwächt. Das Ruhrgebiet aber wird immer noch stark verteidigt: vom Boden aus mit Flugabwehrkanonen und einem ausgeklügelten Ortungssystem, in der Luft mit immer weniger Jagdflugzeugen. Insgesamt fehlt es an allen Ecken und Enden. Für die deutsche Luftwaffe bedeutet das, dass kaum noch Material zur Verfügung steht oder nachgeliefert wird. So makaber es klingen mag: „Material" bezieht sich hier nicht nur auf Flugzeuge, Benzin oder technische Gerätschaften. Auch die jungen Piloten und Besatzungen, oft kaum älter als 19, 20 Jahre, gehören dazu. Schlecht ausgebildet, werden sie in hochgezüchtete Jagdflugzeuge gesetzt – für einen erfahrenen gegnerischen Piloten ein leichtes Ziel. Hinzu kommt, dass die alliierten Flugzeuge technisch immer überlegener werden und ihre Überzahl mittlerweile enorm ist. Trotzdem ist die deutsche Luftwaffe ein ernstzunehmender und gefürchteter Gegner.

BRIEF VOM 14. APRIL 1944

Nun ist das Gegenteil eingetreten: Während John bisher immer wieder um Lebensmittel aus der Heimat gebeten hat, wird er jetzt regelrecht damit überhäuft: *„Gestern war ich in der Post, habe neun Pakete abgeholt und ein Telegramm abgesetzt, um die Paketsendungen zu stoppen."* Beachtlich ist die Anzahl an Zigaretten, die er erhält: 300 Stück von Opa und Oma, gar weitere Tausend von Elinor. Honig, heiße Schokolade, Erdnussbutter oder Sardinen benötigt er nicht mehr. Freundlich fügt er hinzu: *"Besser, ich lasse euch wissen, was ich benötige: Kekse, Kuchen, Kaugummi, Nüsse, Schokolade, Orangen, Grapefruit oder Tomatensaft."* Kaum vorstellbar: In nur wenigen Tagen erreichen ihn weitere 1.500 Zigaretten! Zwölf Zigaretten pro Tag – so steht es in den Musterungsunterlagen. Mit 2.800 Stück ist er demnach für die kommenden siebeneinhalb Monate versorgt. Und doch muss die Menge relativiert werden: Damals raucht fast jeder, einige beginnen mit dem Rauchen erst beim Militär. Vielfältig sind die Gründe: Gruppenzwang, Langeweile – häufig auch Nervosität und Stressbewältigung.

Erleichtert teilt er seinen Eltern eine wichtige Neuigkeit mit: *"Ich denke, meine neue Besatzung ist klasse, ich halte große Stücke auf jeden. Unser Pilot ist Flight Officer Veitch – Neuseeland – Funker und Bordschütze Flight Officer Bert Hall – ein Kanadier aus Toronto – Navigator – Pilot Officer Harry Parry aus England – Bombenschütze Sergeant Kenworthy – Engländer – mittlerer Bordschütze – Sergeant Clark – Engländer – hinterer Bordschütze – mit freundlichen Grüßen – JRP"*.
Mit dem hinteren Bordschützen meint er natürlich sich selbst. Der doppelte Unterstrich unter seinen Initialen untermalt offensichtlich seinen Stolz.

Komplettieren würde die Besatzung ein Bordingenieur, aber John nennt keinen Namen. Das liegt wahrscheinlich daran, dass sich die sechs Genannten noch am Anfang ihrer Grundausbildung zur Bomberbesatzung befinden und dementsprechend noch keinem endgültigen Flugzeugmuster zugeordnet sind. Zurzeit fliegen sie mit Vickers Wellington, bei den späteren Einsätzen wird es mit großer Wahrscheinlichkeit der Handley-Page-Halifax- oder Avro-Lancaster-Bomber sein.

Nach den spezifischen Trainingseinheiten für Piloten, Bordingenieure, Navigatoren, Funker, Bord- und Bombenschützen sind sie nun allesamt bei der 83. O.T.U und trainieren hier das Zusammenspiel als Team eines Bombers. Piloten, Navigator und Funker treffen erst hier aufeinander. Wobei der eigentliche Findungsprozess einer Bomberbesatzung recht unkonventionell abläuft. Da mischt sich die Royal Air Force kaum ein. Wichtig ist lediglich, dass alle Positionen besetzt sind – den Rest regeln die Männer unter sich. Häufig kennen sich die Bordschützen und Bombenschützen von den vorherigen, gemeinsam durchlaufenen Trainingsstationen. Für John trifft das nicht mehr zu. Er durchläuft all das bereits zum zweiten Mal.

JOHNS NEUE BESATZUNG

Reginald Clive Veitch während der Flugausbildung – Foto: Robin Veitch

REGINALD CLIVE VEITCH, John nennt ihn Reg oder auch Reggie, stammt aus einer Farmerfamilie und wird am 18. September 1915 in der neuseeländischen Stadt Waimate, 170 Kilometer südöstlich von Christchurch, geboren. Nach der erfolgreich abgeschlossenen High School studiert Reg Wirtschaftswissenschaften mit dem Ziel, das Studium als „Wirtschaftsprüfer" abzuschließen. Neben Fußball und Tennis spielt er professionell Rugby. Zum Zeitpunkt seiner Einberufung im März 1941 arbeitet er bei der staatlichen Buchdruckerei in Wellington. Ab September 1941 wird er zum Piloten ausgebildet, durchläuft diverse Trainingseinheiten und erlangt Anfang Januar 1944 den Rang des Flugoffiziers. Am 2. September 1943 kommt er im südenglischen Brighton an, wird zum Bomberpiloten ausgebildet und absolviert von nun an viele Flugstunden auf verschiedenen Bombertypen: Vickers-Wellington-, Handley-Page-Halifax-und Avro-Lancaster-Bomber.

Von seiner Besatzung wird der Pilot häufig „Skipper" genannt. Er ist der Kapitän, er hat das Sagen an Bord und konzentriert sich im Wesentlichen auf das Steuern des Flugzeugs. Das ist harte, auch körperlich schwere Arbeit. Über Seilzüge sind die Steuersäule und die beiden Fußpedale mit den Rudern verbunden, die dafür sorgen, dass ein Flugzeug in allen Raumachsen gesteuert werden kann. Entspannt sind die Flüge so gut wie nie. Meist hat der Pilot mit dem Wetter zu kämpfen, gegen feindliche Flugzeuge oder Flakbeschuss, möglicherweise mit defekten oder beschädigten Steuersystemen – oder gegen alles gleichzeitig. Für ein wenig Entspannung kann, insofern es die Flugsituation zulässt, der Autopilot sorgen. Der hält das Flugzeug automatisch auf Kurs. Trotzdem muss der Pilot voll konzentriert sein – jederzeit.

Der Kanadier **BERT HALL**, dessen vollständiger Name Bertram Edward William Hall lautet, ist 31 Jahre alt, als John ihn kennenlernt. Er wird am 14. Oktober 1913 in Toronto geboren. Vor seiner Einberufung in die Royal Canadian Air Force ist Bert in Toronto in

Bertram William Edward Hall – Foto: Library and Archives Canada

einer Buchdruckerei beschäftigt. Verheiratet ist er mit Mary Isabel. Kinder haben die beiden bisher nicht.

Während man zu Beginn des Kriegs noch der Meinung ist, der Funker sei mit seinen Aufgaben nicht ausgelastet und könne daher auch zusätzlich als Bordschütze ausgebildet werden, ändert sich das später. Die Technik wird immer komplexer, Funkgeräte müssen bedient und der sichere Kontakt vom „Flugzeug zum Boden" oder von „Flugzeug zu Flugzeug" gewährleistet werden. Über Funkpeilung kann er bei Bedarf auch den Navigator unterstützen. Auch die hochmoderne „Fishpond"-Radaranlage wird vom Funker bedient. Auf einem kleinen, runden Bildschirm kann der Abstand zu anderen Flugzeugen gemessen werden. Und hier geht es weniger darum, Kollisionen in der Luft zu vermeiden; die schnellen, feindlichen Jagdflugzeuge sollen frühestmöglich entdeckt werden – ein hilfreiches Instrument vor allem in der Nacht.

HARRY WINSTON PARRY ist Lehrer und 29 Jahre alt. Der Waliser ist am 13. September 1914 geboren worden.

Der Navigator sitzt quer zur Flugrichtung und hat einen Tisch vor sich, auf dem sich Kartenmaterial befindet. Er ist für die Einhaltung des Flugkurses zuständig, der ihm vor jedem Einsatz beim Briefing mitgeteilt wird. Kompass und Geschwindigkeit sind nur einige Anzeigen, die ihm dazu zur Verfügung stehen. Unmittelbar über seinem Arbeitsplatz befindet sich eine sogenannte Astrokuppel, eine kleine, durchsichtige Kunststoffkuppel, mit der der Navigator bei klaren Nächten mit einem Sextanten mithilfe der Sterne die Flugrichtung ermitteln kann – ähnlich wie auf einem Schiff. Der Flugkurs wird dem Piloten regelmäßig über den Bordsprechfunk mitgeteilt.

Jack Kenworthy (links) und Harry Parry im Jahr 1944 – Foto: John Patterson

Erst seit Kurzem sind in einigen, zumeist in den fabrikneuen Bombern, auch Bodenradargeräte verbaut. Bei den Briten haben diese die Abkürzung „H2S". Flugzeuge, die mit diesem damaligen Hightech-Gerät ausgestattet sind, können äußerlich an einem tropfenförmigen Gebilde unterhalb des Rumpfes erkannt werden. Hauptsächlich wird die Kontur des überflogenen Gebietes angezeigt, was bei schlechten Sichtverhältnissen oder nachts vorteilhaft ist. Aus heutiger Sicht ist die Anzeigequalität allerdings recht grob.

JACK KENWORTHY ist 24 Jahre alt und im zivilen Beruf technischer Zeichner. Geboren wird Jack am 10. März 1920 in England.

Während eines Einsatzflugs gibt es nur einen kurzen Zeitraum, in dem der Pilot nicht das Sagen an Bord hat. Dann übernimmt der Bombenschütze das Kommando und gibt dem Piloten Anweisungen wie „Links – links – Bomben abgeworfen".

Der Arbeitsplatz des Bombenschützen liegt in der teils verglasten Flugzeugnase. Auch dessen Aufgabe klingt aus technischer Sicht zunächst gar nicht so schwierig: die Bomben über dem vereinbarten Zielpunkt abzuwerfen. Hierbei müssen allerdings verschiedene Kriterien berücksichtigt werden, zum Beispiel die tatsächliche Fluggeschwindigkeit, die Windgeschwindigkeit (wegen der möglichen Abdrift der Bomben). Neben den optischen Hilfsmitteln gibt es bereits eine Art „elektrische Rechenmaschine", die den Zeitpunkt des optimalen Abwurfs berechnet. Die Bomben werden vom Schützen manuell über einen Schalter entriegelt und dadurch abgeworfen. Der Bombenschütze ist zugleich der vordere Bordschütze. Greift während des Fluges ein feindliches Flugzeug an, kann er sich und seine Besatzung mit zwei Browning-Maschinengewehren verteidigen.

Von Sergeant **GEORGE CLARK**, dem mittleren Bordschützen, ist fast nichts bekannt. Der Engländer wird, so schreibt John später, die Besatzung vorzeitig verlassen.

John Patterson im Jahr 1943 in Ottawa, kurz vor der Überfahrt nach Europa – Foto: John Patterson

Im kanadischen Ottawa wird **JOHN RICHARD PATTERSON** am 8. Februar 1923 geboren und ist mit seinen 21 Jahren der Jüngste an Bord.

Zunächst erscheinen auch die Aufgaben der Bordschützen recht simpel: Den Luftraum beobachten und gegebenenfalls die Maschinengewehre bedienen. Aber ein Flugzeug bewegt sich nicht nur geradeaus, nach rechts oder links, sondern auch in der Höhe. Gerade während eines Luftkampfs kann selbst ein schwerfällig erscheinender Bomber kunstflugartig „herumwirbeln". In dieser Situation ein Ziel zu beschießen – das ist äußerst schwierig. Hinzu kommen die hohen Geschwindigkeiten der deutschen Flugzeuge: Beispielsweise ist eine deutsche Junkers Ju 88 oder Messerschmitt Bf 110 um die 500 km/h schnell, ein Messerschmidt Bf 109-Jäger erreicht bis zu 685 km/h und der erste Düsenjäger, die Messerschmitt Me 262 gar 870 km/h. Entsprechend viel Erfahrung, aber auch nervliche Stärke wird von einem Bordschützen gefordert.

Bei den meisten britischen Bombern befindet sich je ein Waffenstand oben, auf dem Flugzeugrumpf und einer im Heck. Hinzu kommt der bereits erwähnte in der Flugzeugnase, der vom Bombenschützen bedient wird. Im Gegensatz zu den amerikanischen Bombern haben nur wenige britische eine Bewaffnung unter dem Rumpf. Genau diese Schwachstelle auszunutzen, ist aber eine Angriffstaktik der deutschen Jäger – sie greifen von unten an. So mancher Bomber wird auf diese Art urplötzlich getroffen, die Besatzung denkt zunächst gar nicht an ein gegnerisches Flugzeug, sondern eher an einen Flaktreffer.

BRIEF VOM 13. MAI 1944

27 Tage nach dem vorherigen Brief schreibt John den nächsten an die Eltern – und resümiert erneut wehmütig seine Abwesenheit von zu Hause: *„Ich wünschte, ich könnte die Zeit um ein Jahr zurückdrehen; dann wäre ich jetzt zuhause. In fünf Tagen ist es schon*

ein Jahr her, dass ich von euch weg und nach Lachine [heute ein Stadtteil der Stadt Montreal in der kanadischen Provinz Québec] ging. Seit sechs Monaten bin ich schon hier [in England] und vor sieben Monaten habe ich die Grundausbildung in Mont Joli absolviert. Ich kann mich an diese Tage noch gut erinnern."

Stolz stellt er anschließend fest: *„Ich habe mich, seitdem ich zur Air Force gegangen bin, zu einem Prachtkerl entwickelt – das kann ja nicht verkehrt sein."* In zwei Monaten steht seine Beförderung zum Flight Sergeant an. Wie auch immer; sobald er in einem Geschwader stationiert ist, möchte er sich auf einen höheren Rang bewerben. Und ein Geschwader steht für alle nach Beendigung der jeweiligen Ausbildung an. Dann beginnt die eigentliche und gefährlichste Aufgabe: das Fliegen von Einsätzen.

Außerdem gibt es noch einen personellen Wechsel zu verkünden: *„Vor ein paar Tagen hat sich George Clarke, der andere Bordschütze, entschieden, dass er genug davon hat, Teil einer Flugzeugbesatzung zu sein und hat aufgehört. Jetzt haben wir einen neuen Bordschützen. Ich vermute, George wird ein „L. F. M." hinter seinem Namen tragen, aber das wird ihm wohl egal sein."*
L. F. M. bedeutet Lack of Moral Fibre und kann mit „mangelnden Charaktereigenschaften" übersetzt werden. Diese können vielseitig sein, beispielsweise mangelnde militärische Disziplin. Denkbar ist auch das, was heute mit Burnout, also dem Zustand völliger (psychischer) Erschöpfung, beschrieben wird.

Leslie (Les) Hunt – Foto: John Patterson

Letztendlich kommt die Bezeichnung als L. F. M. einer Stigmatisierung gleich. Dem Betroffenen wird das Fliegerabzeichen abgenommen und somit später ein lukrativer ziviler Beruf in der Luftfahrt verwehrt. Pilot kann er dann nicht mehr werden. In der Royal Air Force findet fortan eine Degradierung zum Bodenpersonal, in einigen Fällen auch zum Heer oder gar zum Bergmann im Steinkohleabbau statt.

Aber es gibt auch schon Ersatz für George Clarke: *„Unseren neuen Bordschützen habe ich noch nicht wirklich kennengelernt. Er heißt Les Hunt und scheint in Ordnung zu sein."* Leslie, so sein eigentlicher Vorname, ist 24 Jahre alt und kommt aus der Stadt Derby, die mitten in England liegt.

BRIEF VOM 21. MAI 1944

Acht Tage nach dem vorherigen Brief schreibt John erneut an seine Eltern. Gemeinsam mit „Bert und Reggie" ist er in London und macht dort Urlaub. Er erwähnt auch, dass die anderen ihre Urlaube zu Hause verbringen. Im Gegensatz zu den Männern des Heers oder der Marine hat das Luftwaffenpersonal den Vorteil, weitestgehend im Heimatland stationiert zu sein. Engländer, Schotten und Waliser können somit während der regelmäßigen Urlaube ihre Familien und Angehörigen besuchen. Die folgende Passage wird zu Hause mit besonderem Augenmerk wahrgenommen: *„Die erste Übernachtung habe ich bei Les Hunt verbracht, da ich meine Seesäcke bei ihm zuhause unterbringen wollte. Auf dem Weg zu meinem neuen Flugplatz [hiermit ist RAF Ingham in Nordostengland gemeint, auf dem die 1481 (Bomber) Gunnery Flight stationiert ist] werde ich wieder bei ihm vorbeifahren und die Sachen abholen. Vielleicht bleibe ich auch eine Nacht bei ihm. Sie haben ein schönes Haus und sind nur zu viert. Les hat eine hübsche Schwester. Sie ist 18 Jahre alt, aber ich sah sie nur kurz, denn sie hatte eine Verabredung. Ich bin mir nicht sicher, ob ich schon erwähnt habe, dass Les der andere Bordschütze ist. Falls nicht, dann wisst ihr es jetzt."*
Warum erwähnt er Les' hübsche Schwester? Sie wird noch einige Male erwähnt werden: einmal in Kürze, dann noch einmal 17 Monaten später.

Kurz vor der Abreise hat John sein Fahrrad mit nur einem Pfund Verlust verkauft. Kein Wunder: Fahrräder sind schwer zu bekommen, auf den RAF-Flugplätzen aber fast unverzichtbar. Häufig liegen große Entfernungen zwischen den einzelnen Gebäuden und den Unterkünften. Aber auch für die Fahrt ins nächste Dorf oder die gemütliche Ausfahrt am Abend leisten sie unschätzbare Dienste. In einem seiner früheren Briefe bemerkt er daher amüsiert: *„Mein Fahrrad fährt immer noch und spart mir jeden Tag eine Menge Schuhsohle."*

Ach ja: Sein Freund Don Eastman aus Kanada, den er im ersten Brief an die Eltern erwähnt, ist nun auch in England. Er wurde so kurzfristig einberufen, dass er sich von seinen Verwandten übers Telefon verabschieden musste. Er beendet den Brief in einem wehmütigen Unterton: *„Kürzlich habe ich mehrere Kameraden wiedergetroffen, die mit mir in einem Lehrgang in Kanada waren. Sie hatten bisher schon zehn oder fünfzehn Einsätze."* Wehmütig in erster Linie wegen der Anzahl der Einsätze und der damit verbundenen Aussicht, bald nach Hause zu dürfen.

Jedes Mitglied einer Bomberbesatzung muss 30 Einsätze absolvieren. Diese werden bei den Briten als „Operations", bei den Amerikanern als „Missions" bezeichnet. Dazu zählen allerdings nur die erfolgreichen, also diejenigen, bei denen über dem Ziel ordnungsgemäß die Bomben abgeworfen wurden. Nur begründete Ausnahmen zählen und werden der Besatzung als vollwertiger Einsatz zugeschrieben; etwa dann, wenn ein Einsatz abgebrochen und der Befehl zur Umkehr gegeben wird. Muss die Besatzung aufgrund eines technischen Problems am Flugzeug oder wegen der Erkrankung eines Besatzungsmitglieds umkehren, zählt dieser Einsatz nicht. Irgendwo die Bomben abwerfen und den Einsatz als erfolgreich deklarieren – auch das geht nicht. Jeder Bomber ist mit einer Fotokamera ausgerüstet. Diese ist nach unten gerichtet und löst automatisch beim Abwurf der Bomben aus. So werden wichtige Daten ebenso dokumentiert wie die soeben überflogene Landschaft – auch im Dunkeln. Wobei die Qualität der Aufnahmen oft zu wünschen lässt.

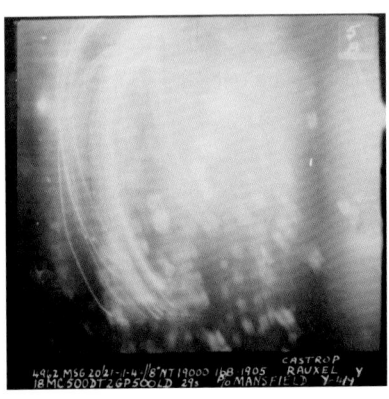

Dieses verwackelte Foto wurde am 21. November 1944 von einem Lancaster-Bomber kurz nach dem Abwurf der Bomben in 5.800 Meter Höhe über Castrop-Rauxel aufgenommen –
Foto: Thomas Boller, aufgenommen im Canada Aviation and Space Museum in Ottawa

DAS BRIEFING GEHT WEITER

In Wickenby wird das Briefing für den heutigen Einsatz nach Essen fortgesetzt. Der Offizier erklärt, wann und von welcher Startbahn aus gestartet wird, auf welche Besonderheiten entlang der Flugroute zu achten ist, welche Radiofrequenzen gewählt werden und wie die Wetterbedingungen sind. Ganz zum Schluss wird allen viel Glück, Erfolg und eine gesunde Rückkehr gewünscht.

Offiziell wird das Einsatzziel übrigens erst beim Briefing verkündet. Aufgetankt werden die Flugzeuge allerdings schon vorher, sodass sich die Besatzungen anhand der getankten Treibstoffmenge ausrechnen können, ob es ein eher nahegelegenes oder weiter entferntes Ziel werden wird. Letztere bergen viel höhere Risiken – und erhöhen die Nervosität.

Den Piloten und Navigatoren ist nun die Flugroute bekannt, der Bombenschütze weiß, wo er die Bomben ausklinken muss, und der Funker, welche Frequenzen zu verwenden sind. Die beiden Schützen und der Bordingenieur arbeiten, wie immer, eher „zielunabhängig": Bei jedem Einsatz muss der Himmel abgesucht, mit feindlichen Fliegern gerechnet und sich gegebenenfalls mit den Maschinengewehren verteidigt werden. Bei jedem Einsatz müssen die technischen Parameter vom Bordingenieur überwacht werden.

Apropos Bordingenieur: Nur dieser hat in den vergangenen 23 Einsatzflügen mehrfach gewechselt. Heute, auf dem Flug nach Essen, werden fast alle an Bord sein, die John kürzlich seinen Eltern in den Briefen vorgestellt hat: Reg Veitch, Bert Hall, Harry Parry, Jack Kenworthy und Leslie Hunt. In dieser Konstellation sind sie bereits 23 gemeinsame Einsätze geflogen. Zwischenzeitlich ist der Schotte William Nimmo Stevenson hinzugekommen. 24 Jahre ist er alt und fliegt nun zum dritten Mal in Folge mit Reg Veitch und dessen Männern. Auch der Schotte ist sehr einsatzerfahren: Mit einer anderen Besatzung hat er fast genauso viele Flüge über feindlichem Gebiet absolviert. Bei einem dieser Einsätze, am 31. August, wird er von einem Schrapnell schwer am rechten Fußknöchel und am rechten Handgelenk verletzt. Erst nach einer dreimonatigen Pause folgt der nächste Einsatz, am 29. November – von nun an mit Reg Veitchs Besatzung.

Von Stevenson ist lediglich ein Foto[7] aus einem australischen Archiv bekannt. Der Pilot ist in diesem Fall nicht Reg Veitch, sondern Wing Officer C. H. Watson aus

William Stevenson (links hinter dem Piloten C. H. Watson) am 4. August 1944 – Foto: Australian War Memorial

Williams erster Besatzung. Ansonsten ist wenig über ihn bekannt. Offenbar hat Stevenson auch im zivilen Leben eine Affinität für Technik – er ist Ingenieur.

Bordingenieure werden fast ausschließlich von der Royal Air Force ausgebildet und sind in den allermeisten Fällen Briten. Am Boden stellt der Bordingenieur das Bindeglied zwischen der Besatzung, dem Flugzeug und der Bodenmannschaft dar. An Bord ist er für die komplexe Mechanik, Hydraulik, Elektrik und das Treibstoffsystem verantwortlich. Sein Arbeitsplatz befindet sich neben dem Piloten, den er aktiv unterstützt: Beispielsweise bei der Inbetriebnahme aller Systeme an Bord oder beim Starten der Motoren. Während der Startphase des Bombers regelt er unter anderem die Drehzahl der Motoren. Während des Fluges hält er permanent eine Vielzahl von Instrumenten im Blick: Stimmen der Öldruck und die Öltemperatur an den einzelnen Motoren? Laufen diese „rund"? Der Treibstoff muss ordnungsgemäß aus den verschiedenen Tanks gepumpt oder umgepumpt werden. Eine falsche Verteilung der Spritmenge in den Tanks würde zu schlechten Flugeigenschaften führen. Oder die Motoren würden nicht mehr mit Sprit versorgt und anfangen zu stottern – und kurz darauf schlicht und einfach ausgehen.

Wenig später lässt sich Reg im Kartenbüro die benötigten Flugkarten geben. Danach holen sich alle die Ausrüstung ab: Fliegermontur, Helme, beheizbare Stiefel, Rettungswesten und Fallschirme. Zum Proviant gehören Sandwiches, Thermoskannen mit Kaffee, Schokolade und Zuckerbonbons. Schließlich begeben sie sich auf in Richtung des zugewiesenen Bombers.

BRIEF VOM 4. JUNI 1944

Zwei Wochen später schreibt John den nächsten Brief an die Eltern. *„Heute Abend habe ich ziemlich Heimweh und da dachte ich mir, es wäre gut, euch zu schreiben. Hier jedenfalls regnet es und es ist nicht viel zu tun."* Er ist nun auf einer Conversion Unit stationiert, einer Umschulungseinheit in Lindholme – die letzte Trainingsstufe, bevor es mit den Einsätzen losgeht.

„Wir machen jede Menge Sport und Cross-Läufe über 4-5 Meilen [ca. 6-7 Kilometer]. Ich bin froh darüber, denn sonst würde ich in diesem Land nicht viel sportliche Bewegung haben. Ab und zu ging ich schwimmen und zeigte meinen Kameraden, wie man taucht. Und wie! Ich vermisse den alten Swimming Pool in Clearview." Dann bittet er die Eltern um seine hellgraue Badehose, denn *„jedes Mal, wenn ich meine Trainingshose trage, rutscht diese runter"*.

Mit Reg, Bert und Harry unternimmt er viel. Dieses Mal geht es auf eine Kirmes. *„Wir hatten jede Menge Spaß auf der Raupe und dem ‚Selbstfahrer'",* so heißen damals die Autoscooter. Einmal mehr wird deutlich, dass sich diese Bomberbesatzung nicht nur im Flugzeug als gutes Team versteht, sie sind auch darüber hinaus freundschaftlich miteinander verbunden. Klar, die beiden Kanadier Bert und John und der Neuseeländer Reg sind weit weg von zu Hause. Da sind Freunde auch Leidensgenossen – sie lindern ein wenig das Heimweh.

Bei den Briefen an seinen Bruder Doug kommt es schon mal vor, dass John zu etwas unverblümteren Formulierungen greift. So schreibt er etwa nach seinem Urlaub: *„Ich hatte einen schönen Urlaub und hasse es, wieder zurück auf eine Trainingsstation zu müssen."* Und er unterschreibt bei Doug immer mit „Chode" – seinem Kosenamen.

Während Doug seinen Bruder über Freunde, anstehende Hochzeiten oder Trennungen auf dem Laufenden hält, nutzt John in seinen Briefen an den Bruder die Gelegenheit, diesem versteckte Hinweise und Ratschläge zu geben. So schreibt er am 8. Juli: *„Die Kriegsnachrichten waren in den vergangen Tagen gut, sodass ich vermute, dass dies für uns alle Erleichterungen bedeutet. Jetzt kann es sein, dass ich im nächsten Winter wieder zuhause bin und wir Skifahren können – hoffentlich. Jedenfalls macht das jede Menge Hoffnung und ich fühle mich schon viel besser."*
Mit den guten Kriegsnachrichten ist offenbar der „D-Day", die Landung der Alliierten in der Normandie zwei Tage zuvor gemeint. Er beschließt den Brief mit *„Bis dann – wir sehen uns hoffentlich in Kürze."*

BRIEF VOM 26. JUNI 1944

Das Versenden von Hilfspaketen kann bisweilen sonderbare Züge annehmen. So berichtet John in einem Brief an die Eltern: *„Ein gewisser Bill Bunting aus Toronto hat mir Zigaretten geschickt. Ich kenne ihn nicht, wisst ihr, wer das ist?"* Er hat es dieses Mal eilig und formuliert knapp: *„Es liegen vor mir noch 15 Briefe, die ich beantworten muss – kein Scherz!"*

Wenige Tage später freut sich John mit dem anderen Bordschützen: *„Bert Hall, mein Kamerad aus Toronto, traf gestern Abend seinen Bruder wieder. Beide haben sich sehr gefreut. Sein Bruder ist ein Sgt./Nav. [Sergeant/Navigator]. Er ist nun auf der gleichen Station wie wir."* Bert Halls Bruder heißt Norman. Die beiden sind bis Mitte Juli 1944 gemeinsam auf dem Flugplatz in Lindholme stationiert.

John ist es streng untersagt, über militärische oder strategische Angelegenheiten zu schreiben. Zu groß ist die Gefahr, dass das Geschriebene in die Hand des Feindes gelangen könnte. *„Es ist sehr schwierig, einen Eindruck von dem zu übermitteln, was ich hier mache, ohne Details nennen zu dürfen. Wie auch immer, es ist jetzt Juli und ich befinde mich immer noch im Training. Welch' trügerische Eile! Weder ich noch die anderen haben es eilig, in den Einsatz zu kommen. Es wird aber wohl nicht mehr lange dauern – der Krieg hoffentlich auch nicht."*

BRIEF VOM 17. JULI 1944

Der Brief beginnt wie so viele: *„Hallo! Wie geht es euch an diesen schönen Sommertagen? Sogar hier auf Spud Island scheint die Sonne regelmäßig."* Mit Spud Island ist England, „die Insel", gemeint. Doch dann taucht erneut das hübsche Mädchen auf, Les Hunts jüngere Schwester: *„Elinor hat kürzlich in einem ihrer Briefe erwähnt, dass ihr einen meiner Briefe an sie weitergeleitet habt. Sie war der Meinung, dass sie diesen nicht hätte lesen dürfen, da ich von einem Mädchen aus England, das ich getroffen habe, schrieb. Ich habe ihr zuvor das gleiche geschrieben, vermute aber, dass sie den Brief noch nicht erhalten hat. So ist das Leben! Mir macht es nichts aus, wenn ihr meine Briefe weiterleitet, denn normalerweise schreibe ich euch nichts, was ich ihr nicht auch schreiben würde."*

BRIEF VOM 23. JULI 1944

In seinem nächsten Brief schreibt John: *„Der letzte kleine Trainingskurs ist nun beendet und ihr könnt euch denken, was das bedeutet."*

Es gibt wieder einen Neuzugang, der seit drei Wochen der Besatzung angehört: *„Wir haben nun unseren siebten Mann, den Bordingenieur. Er heißt Stan Counter und kommt aus London. Er ist ein guter Kumpel und verdammt groß, er war früher ein ‚Bobby'. Er ist ebenfalls Sergeant und wie die meisten aus unserer Besatzung verheiratet."*

Von Stanley (Stan) Counter gibt es ebenfalls kein Foto, da auch er die Besatzung vorzeitig verlässt.

Dann wird er wieder ernst. Ein Bekannter liegt mit einem verletzten Arm im Krankenhaus, verursacht durch Flakbeschuss. Drei Monate wird er ausfallen. Wenn John es schafft, wird er ihn demnächst besuchen. Weiter schreibt er: *„Ich habe mittlerweile einige Kumpels getroffen, die ich aus Kanada kenne und sie waren alle überrascht, als sie das von Bill gehört haben. Es ist immer noch schwer zu glauben."* Hier ist sein Freund und Kamerad Bill Stone gemeint, den er bei dem Flugzeugabsturz im Februar verloren hat.

„Der letzte kleine Trainingskurs ist nun beendet und ihr könnt euch denken, was das bedeutet" – John und seine Besatzung sind bereit für die aktiven Einsätze. Ende Juli 1944 ist klar, von wo aus demnächst die Flüge ins feindliche Gebiet starten werden: Es ist der Royal Air Force Flugplatz Wickenby. Dieser liegt in einer sehr ländlich geprägten Gegend in der Grafschaft Lincolnshire, die nächste größere Stadt ist Lincoln und etwa 20 Kilometer entfernt. Wie die meisten britischen Bombergeschwader liegt Wickenby im Nordosten Englands. Zwar haben die Bomber von hier aus einen weiteren Anflug nach Deutschland oder zu den besetzten Gebieten, dafür werden die Bomberflugplätze aber seltener vom Feind heimgesucht. Wobei das mittlerweile kaum noch vorkommt.

Im September 1942 wird der Flugplatz in Wickenby eröffnet, der das 12. und 626. Bombergeschwader der 1. Bomber-Gruppe beheimatet. Beide fliegen zu Johns Zeiten mit Avro-Lancaster-Bombern, jeweils 18 an der Zahl. Die des 12. Geschwaders tragen die Kennung „PH" und einen Buchstaben, der individuell für das Flugzeug steht. Lancaster mit der Kennung „UM" hingegen weisen das 626. Geschwader aus. Am 30. Juli 1944 starten John und seine sechs Kameraden ihren ersten Trainingsflug von Wickenby aus.

Der Tower auf dem Flugplatz in Wickenby im Jahr 2015. Äußerlich hat sich das Gebäude seit dem Krieg kaum verändert. Heute befindet sich hier die RAF Wickenby Memorial Collection, ein kleines Museum, das die Geschichte des Flugplatzes erlebbar macht . – Foto: Thomas Boller

Auszug aus Johns Flugbuch: Am 30. Juli 1944 findet der erste Trainingsflug in Wickenby statt. –
Foto: John Patterson

Die Start- und Landebahn auf dem Flugplatz Wickenby wird heute nur noch von Sportflugzeugen genutzt.
Rechts im Bild ist der Tower zu sehen . – Foto: Thomas Boller

BRIEF VOM 6. AUGUST 1944

Aus Edinburgh schreibt John: *„Ich hatte so viel Spaß, dass ich gar nicht zum Schreiben kam. Wir haben sieben Tage Urlaub, morgen muss ich zurück zum Geschwader. Einen Tag später oder so werden wir mit den Einsätzen starten. Ich habe einige Kumpel getroffen, die ich von hier kenne und habe auch von einigen gehört, die es nicht geschafft haben."* Für die Eltern dürfte das eine nicht sonderlich beruhigende Nachricht sein …

Dann bemerkt er verschmitzt: *„Ich bin hier in einem Privathaus bei einer sehr netten Familie untergebracht. Keine Töchter!"* Er fügt hinzu, dass Elinor „schon ganz böse" mit ihm sei, denn er habe ihr schon so lange nicht mehr geschrieben. Dabei fürchtet er, dass er die vielen Briefe, die er ihr schulde, gar nicht aufholen könne. Er fügt eine nachvollziehbare Entschuldigung hinzu: *„Auf dem Geschwader habe ich nicht viel Zeit für mich, dort muss ich vier Maschinengewehre in Schuss halten. Wenn ich nicht gerade damit beschäftigt bin, dann fliegen wir."*

DER WEG ZUM BOMBER

In Wickenby ist es jetzt 15 Uhr. Eine Stunde vor dem Start nach Essen bringt ein Militärfahrzeug die Besatzung zum Abstellplatz des zugewiesenen Bombers, der weit draußen auf dem Flugplatz steht. Das ist bereits zum achten Mal „Lancaster ND342" mit der Kennung PH-U. „U" wie „Uncle", so der Rufname.

Die Avro Lancaster ist, neben der Short Stirling und der Handley-Page Halifax, der dritte und bekannteste schwere Bomber der Royal Air Force. Am 9. Januar 1941 fand der Erstflug statt, ab März 1942 wurde sie in Dienst gestellt. Es handelt sich um

Avro Lancaster im Canadian Warplan Museum. Es handelt sich um einen von zwei weltweit flugfähigen Lancaster-Bombern. – Foto: Thomas Boller

LANCASTER

Hersteller: Avro
Erstflug: 9. Januar 1941
Produktionszeit: 1941 bis 1946
Besatzung: 7 Mann
Länge: 21 m
Spannbreite: 31 m
Triebwerke: 4 x Rolls Royce Merlin bzw. Packard Merlin 12 Zylinder Reihenmotor, 1.300–1.400 PS
Höchstgeschwindigkeit: 453 km/h in 4.000 m
Marschgeschwindigkeit: 322 km/h
Bombenzuladung: 6.400 kg

einen von 3.039 gebauten Lancaster-Bombern der Serie „B Mk.III". Der Unterschied zum Typ B Mk.I ist gering: Bei den Motoren handelt es sich etwa nicht um den sonst üblichen Rolls-Royce „Merlin", sondern um einen Packard „Merlin". Der ist ähnlich und wird in Lizenz von der Firma Packard in den USA gebaut. Rolls-Royce kommt schlichtweg nicht mit der Motorenproduktion hinterher. Für den bevorstehenden Flug sind diese Motorendetails unwichtig – und doch wird dieses technische Detail zu einem sehr viel späteren Zeitpunkt noch einmal von Interesse sein.

Reg und Bordingenieur William Stevenson prüfen von außen, ob alles in Ordnung ist. Gibt es irgendwelche Beschädigungen? Tritt irgendwo Flüssigkeit aus? Sind die Ruder leichtgängig?

BRIEF VOM 10. AUGUST 1944

Endlich hat John seine Badehose erhalten, die er im Brief vom 4. Juni angefordert hat. „*Während ich dies hier schreibe, liege ich in der Sonne in meiner Badehose.*" Er fügt passend hinzu: „*Ken, der Bombenschütze, sagt gerade, dass der Sommer dieses Jahr nur einen Donnerstag lang dauere.*" Jack Kenworthy witzelt über die bis dahin wenigen sonnigen Tage – der 10. August 1944 ist ein Donnerstag.

Sorgen macht er sich immer noch um einen Freund, Mike McRory. Möglicherweise, so schreibt er, habe es ihn „erwischt". Genaues weiß er aber nicht. Mit düsteren Worten fährt er fort: *„Ich könnte hunderte nennen, die ums Leben gekommen sind und ich habe jede Menge grauenvolle Dinge bisher gesehen. Ich wünschte, ich könnte mehr darüber schreiben. Wenn ich zurück bin, könnte ich wochenlang darüber erzählen."*

Von den Eltern erfährt John, dass sein Bruder so gut wie verheiratet ist. Er hofft, dass er zu der Hochzeit wieder zu Hause ist. Doch bis Doug und Dottie heiraten, dauert es noch etwas. Die Hochzeit wird erst am 6. August 1945, also in einem Jahr, stattfinden.

BRIEF VOM 13. AUGUST 1944

Mit einem Monat Verspätung kommt endlich wieder ein Brief von Elinor – wie vermutet, von einer vorherigen Station. Ständig muss von der Militärpost ermittelt werden, wo sich der Angeschriebene aktuell befindet, permanent müssen Briefe und Pakete weitergeleitet werden – eine beachtliche logistische Herausforderung. Seinem Brief legt er ein Foto von Jack Kenworthy, dem Bombenschützen, bei.

Mit den 2.800 Zigaretten ist John nicht weit gekommen: *„Ich habe mal wieder keine Zigaretten mehr, aber normalerweise kommen diese immer rechtzeitig wieder rein. Meine Besatzung muss sie alle aufgeraucht haben, da, wie ihr wisst, die englischen Zigaretten fürchterlich schmecken. Alle, bis auf unseren Bombenschützen, rauchen. Daher sind meine Zigaretten, wie auch die von Bert Hall, dem anderen Kanadier, ruckzuck weg."* Jack Kenworthy raucht also nicht.

Stolz berichtet er, dass sie nun eine elektrische Heizplatte in der Baracke haben, auf der sie Toast, heiße Schokolade und Suppe zubereiten können. Aber es fehlen wieder Lebensmittel. *„Ich mag Erdnüsse oder sonstige Nüsse, Honig oder Marmelade, Kaugummi, Schokoladenriegel, Kekse, ein paar weitere Tütchen mit*

Jack Kenworthy – Foto: John Patterson

heißer Schokolade." Aber auch Hygieneartikel und Gebrauchsgegenstände fragt er an: *"Zwei Mal ,Lux' Toilettenseife, keine Waschseife. Ihr könnt mir auch eine Zahnbürste schicken. Ich finde, die aus Kanada sind besser als die, die man hier bekommt. Einen kleinen Kamm kann ich ebenfalls gebrauchen. Die sind hier sehr schwer zu bekommen und meiner hat nur noch sechs Zinken."*

Sogar an seine Kameraden Les Hunt und Jack Kenworthy denkt er, auch wenn er sie nicht namentlich nennt: *"Falls ihr mir etwas Tee zuschicken könntet, fänden auch mein anderer Bordschütze und der Bombenschütze das prima."* Selbstverständlich ist diese Wunschliste für ihn nicht: *"Ich weiß, dass ich in diesem Brief um eine Menge Dinge bitte, aber ihr habt mich gefragt, was ich bräuchte. Jetzt wisst ihr es. Falls irgendetwas schwer zu beschaffen ist, macht euch bitte keine Mühe."*

John beschließt den Brief trübselig: *"Es fällt mir schwer, über den Alltag zu schreiben, da ich jeden Tag Freunde verliere. Aber so ist das Leben. Heutzutage wird man ständig mit solchen Gedanken konfrontiert und ich kann nicht behaupten, dass ich mir keine Sorgen mache. Macht ihr euch keine Sorgen um mich, Leute. Ich behalte immer den Überblick."* Wohlbemerkt: John ist noch keinen einzigen Einsatz geflogen. Das ändert sich in Kürze. Nicht ändern wird sich, dass er weiterhin Freunde verlieren wird.

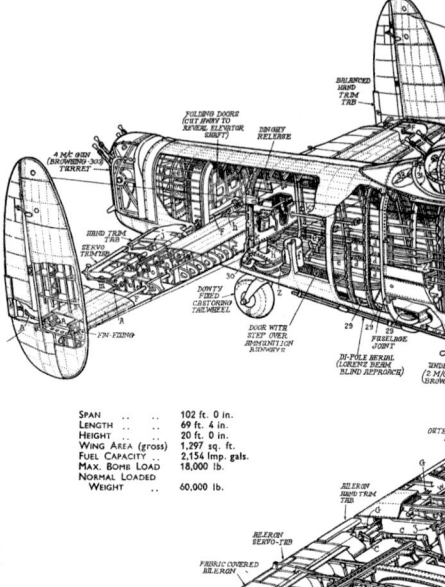

Aufriss eines Lancaster-Bombers – Abbildung: Aeroplane (freundliche Bereitstellung durch Ben Dunnell)

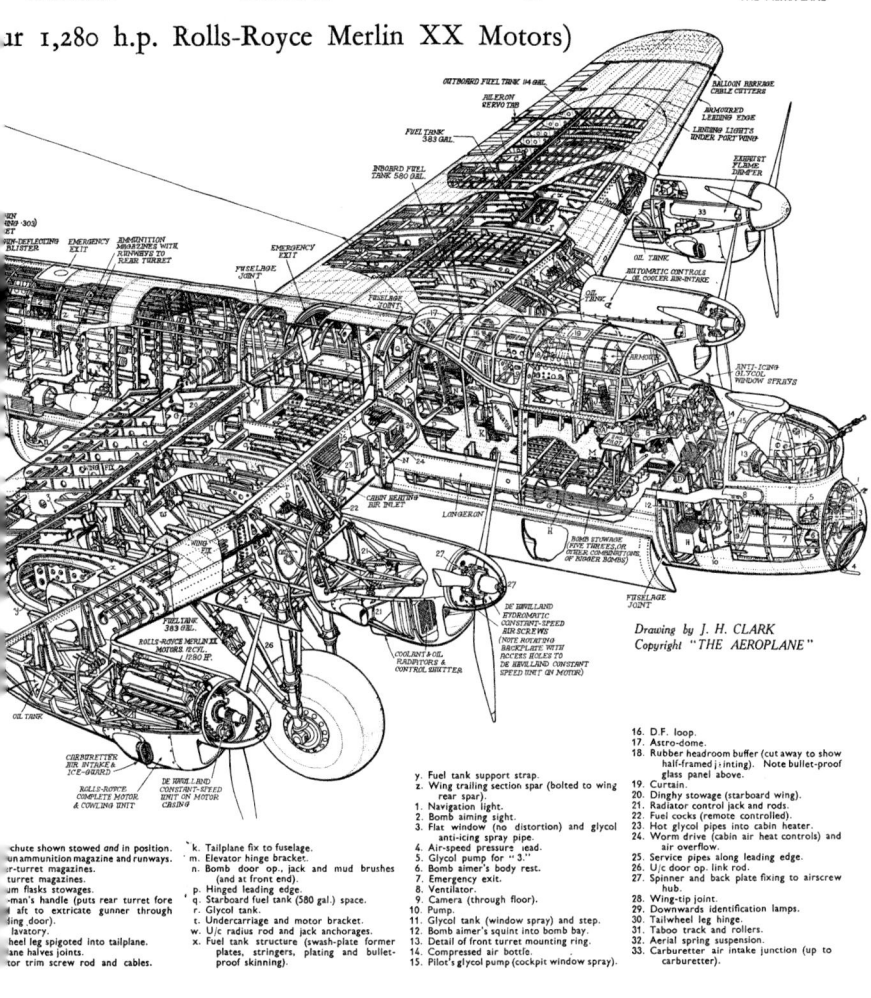

KURZ VOR DEM START

Die sieben jungen Männer sind um kurz nach 15 Uhr an dem bereitstehenden Lancaster-Bomber angekommen. Bevor alle an Bord gehen, folgt ein wichtiges Ritual – es wird noch einmal gepinkelt. Zwar gibt es an Bord eine Toilette, einen Eimer mit Deckel, sogar einen Vorhang als Sichtschutz. Während des Fluges ist es aber problematisch, den Arbeitsplatz zu verlassen. Pausen gibt es keine, denn jederzeit muss mit feindlichen Jägern oder unvorhersehbaren Problemen gerechnet werden. Hinzu kommt, dass die damaligen Bomber nicht über eine Druckkabine

Typische Bekleidung einer Bomberbesatzung im Jahr 1944. Während es sich links und in der Mitte um Besatzungsmitglieder aus dem vorderen Teil des Flugzeugs handelt, ist rechts der mittlere oder hintere Schütze dargestellt – Foto: Thomas Boller

verfügen. In großer Höhe ist die Luft daher an Bord sehr dünn. So muss jeder eine Maske tragen, über die er mit Sauerstoff versorgt wird. Ohne diese droht schnell die Bewusstlosigkeit, durch die Sauerstoffunterversorgung nur wenig später der Tod. Muss der Arbeitsplatz doch einmal verlassen werden, so stehen kleine, mobile Sauerstoffflaschen sowie im Flugzeug verteilte „Andockstellen" für die Atemmasken zur Verfügung. In diese werden dann die Verbindungsschläuche der Sauerstoffmasken eingestöpselt.

Die Einstiegstür befindet sich beim Lancaster-Bomber hinten rechts. John Pattersons Weg ist recht kurz, denn der hintere Maschinengewehrstand befindet sich nur ein paar Schritte links neben dem Eingang. Alle anderen gehen nach rechts in Richtung oberen Maschinengewehrstand, Funk-, Navigations- und Fluginstrumentenplatz, Cockpit und Flugzeugnase.

DER ERSTE EINSATZ

14. August 1944. Heute ist es so weit. Auf diesen Tag haben alle während ihrer Ausbildungszeit hingearbeitet, der erste Einsatz steht an. Endlich? Vor ein paar Monaten hat sich John diesen Tag herbeigesehnt – das Stichwort lautet „Abenteuer". Doch wie mag es jetzt in ihm vorgehen? Er beklagt bereits viele menschliche Verluste, hat einen Flugzeugabsturz als Einziger überlebt.

Einsatz Nr. 1 - 14. August 1944
Falaise, Frankreich - 3:40 h – Seriennummer PB201 – Kennung PH-S

Pilot: F/O Veitch R. C. RNZAF
Bordingenieur: Sgt. Counter S. V. RAF
Navigator: F/O Parry H.W. RAF

Bombenschütze: Sgt. Kenworthy J. RAF
Funker: F/O Hall B. E. W. RCAF
Mittlerer Bordschütze: Sgt. Hunt L. RAF
Hinterer Bordschütze: Sgt. Patterson J. R. RCAF

Einsatzbericht RAF Wickenby:
16 Lancaster mit dem Einsatzbefehl, deutsche Bodentruppen in der Gegend von Falaise [Nordfrankreich] zu bombardieren. Start um 12.07 hrs, Bombenlast pro Flugzeug 6 Tonnen. Leichter, mäßiger bis schwerer Flak-Beschuss, keine feindlichen Jagdflugzeuge. Besatzungen wurden gewarnt, dass akkurates Bombardieren unbedingt notwendig ist, da die eigenen Truppen sich nur weniger als 2000 Meter neben dem Abwurfpunkt befinden. Die anfängliche Bombardierung war akkurat und gut um den Abwurfpunkt konzentriert, als jedoch die Zielmarkierungen durch Rauch verdeckt wurden, bombardierten einige Flugzeuge sehr knapp. Lancaster UM-R2 wurde stark von Flakgranaten durchlöchert und landete in Boscombe Down [Flugplatz in Südengland]. Der Heckschütze wurde verwundet und in ein Krankenhaus in Salisbury gebracht. Letztendlich sind alle Flugzeuge sind nach Wickenby zurückgekehrt.

Der Kampf um den Kessel von Falaise gilt als einer der Schlüsselkämpfe im Zuge der Landung der Alliierten in der Normandie.

DER LUFTKRIEG – DIE AUFRÜSTUNGSPHASE VOR DEM ZWEITEN WELTKRIEG

Die Aufrüstungsphase vor dem Zweiten Weltkrieg zieht eine enorme Entwicklung bei den Militärflugzeugen mit sich. Immer zuverlässiger und leistungsstärker werden die Motoren, so steigt beispielsweise die Reichweite der Bomber bei gleichermaßen höherer Bombenlast kontinuierlich. Die deutsche Luftwaffe erprobt ab Mitte 1937 die neuen Flugzeuge und Einsatztaktiken unter realen Bedingungen: im zwischen Juli 1936 und April 1939 stattfindenden Spanischen Bürgerkrieg. Dort kommt es am 26. April 1937 zum ersten größeren Luftangriff in Europa auf eine Stadt, bei dem gezielt die wehrlose Zivilbevölkerung bombardiert wird. Bei der Zerstörung der baskischen Stadt Guernica kommen 200–300 Menschen ums Leben.

Am 1. September 1939 löst das Deutsche Reich mit dem Angriff auf Polen den Zweiten Weltkrieg aus. Von Beginn an wird auf den Einsatz von Flugzeugen gesetzt, unter anderem Sturzkampfbomber, auch Stuka genannt. Am 10. Mai 1940 startet die Westoffensive mit dem Angriff auf die Niederlande. Vier Tage später sind es erneut Bomber der deutschen Luftwaffe, welche die niederländische Hafenstadt Rotterdam bombardieren. Noch während sich die Flugzeuge auf dem Weg zum Ziel befinden, wird der Angriff allerdings abgesagt. Dabei werden tragischerweise zuvor abgesprochene Leuchtzeichen zum Teil nicht erkannt, auch über Funk erreicht der Befehl zum Abbruch die Flugzeuge nicht mehr rechtzeitig. Zwischen 800-900 Menschen kommen in Rotterdam ums Leben. Die Stadt wird großflächig zerstört – obwohl die kurzfristige Kapitulation der Niederlande bereits vor dem Einsatzbefehl absehbar gewesen ist. [8]

In den ersten Kriegsmonaten halten sich die deutsche Luftwaffe und die Royal Air Force mit gegenseitigen Luftangriffen zurück. Das ändert sich erst mit dem Versuch des Deutschen Reichs, Großbritannien mit Bombenangriffen zur Kapitulation zu zwingen. Ab dem 10. Juli 1940 beginnen deutsche Bomber, Einsätze auf britische Ziele zu fliegen. Die bis Mai 1941 andauernden Gefechte gehen als „Luftschlacht um England" in die Geschichte ein – und enden mit der ersten Niederlage der deutschen Luftwaffe im Zweiten Weltkrieg. Während anfangs küstennahe militärische Objekte wie Flugplätze, Rüstungsbetriebe, Abwehr- oder Verteidigungsanlagen bombardiert werden, sind es ab Anfang September auch englische Städte. London steht ab dem 7. September 1940 unter Dauerbeschuss, am 14. November 1940 greifen über 500 deutsche Flugzeuge die Rüstungsbetriebe der Industriestadt Coventry an – dass dabei auch die unmittelbar neben den Fabriken wohnende Zivilbevölkerung in erheblichen Maße getroffen wird, nimmt man billigend in Kauf. Die Taktik sieht vor, in einer ersten Angriffswelle Sprengbomben abzuwerfen. Deren Aufgabe ist es, grobe Zerstörung herbeizuführen; Dächer sollen für die darauf folgenden Brandbomben abgedeckt werden. Die mit Trümmern versperrten Straßen, zerborstenen Wasserleitungen oder zerstörte Hydranten sollen zudem die anrückenden Rettungskräfte an ihrer Arbeit hindern. Gegen Mitternacht ist das Stadtzentrum nahezu komplett zerstört, einhergehend damit sind mindestens 568 zivile Opfer zu beklagen. Trotzdem bleiben größere Gegenschläge seitens der Royal Air Force auf das Deutsche Reich zunächst aus. Bis März 1942.

Einsatz Nr. 2 - 15. August 1944
Volkel, Niederlande - 3:55 h - PB201 - PH-S

Einsatzbericht RAF Wickenby:
26 (von insgesamt 101) Lancaster mit dem Einsatzbefehl, den Nachtjäger-Flugplatz in Volkel [Niederlande, Nähe Nijmegen] zu bombardieren. Start um 09.36 Uhr, leichter und schwerer Flakbeschuss in Küstennähe, keine Abwehr im Zielgebiet, feindliche Flugzeuge wurden nicht gesichtet. Begleitschutz von der [amerikanischen] 8th Air Force mit Mustangs und der 11 Group mit Spitfires. Das Zielgebiet wurde von Thunderbold-Jägern der 8th Air Force patrolliert, die nach dem Bombenangriff im Tiefflug das Flugfeld beschossen. Die Bombardierung war akkurat und konzentriert, der Kontrollturm und mehrere Hangars wurden getroffen, das Zentrum der Start- und Landebahn hat ungefähr 900 Treffer, mindestens 35 Treffer haben die jeweiligen Bahnen und Zufahrten erhalten.

Im folgenden Brief am 24. August 1944 erwähnt John die ersten beiden Einsätze überhaupt nicht.

Einsatz Nr. 3 - 25. August 1944
Rüsselsheim – 9:20 h – PD207 – PH-W

Einsatzbericht RAF Wickenby:
36 (von insgesamt 412) Lancaster mit dem Einsatzbefehl, die Opelwerke in Rüsselsheim zu bombardieren. Bombenlast pro Flugzeug 1 x 1,8 Tonnen und 12 Kassetten mit 1,8 kg Brandbomben, 9.800 Liter Treibstoff. Heftiger Beschuss durch schwere Flak, starke Jagdflugzeug-Aktivitäten, 7 Luftkämpfe. Lancaster PB201 PH-S stürzte bei der Landung ab, die Besatzung hat überlebt, wobei der Navigator schwer verletzt wurde. Das Flugzeug wurde verschrottet. Zwei Flugzeuge sind abgestürzt, PA989 UM-U2, F/O HR Good, Sgt JB Perdue & Sgt AG Kerr starben, F/O RL Harris, F/O JT Farrell, Sgt A Loveridge & Sgt AG Kerr gerieten in Kriegsgefangenschaft. LM140 UM-O2, F/O L Whetton, F/O D Laycock, Sgt HW Douglas, Sgt HW Brotherhood, Sgt P Corrigan & Sgt GS Lowson starben, F/O S Brown geriet in Kriegsgefangenschaft.

BRIEF VOM 28. AUGUST 1944

Die ersten Zeilen klingen eher widersprüchlich und kaum nachvollziehbar: *"Viele Neuigkeiten habe ich nicht zu berichten, zumal ich euch in letzter Zeit sehr regelmäßig geschrieben habe."* Sind die ersten beiden Einsätze etwa keine Neuigkeiten? Doch bereits kurz darauf schwenkt John um: *"Ich wünschte, ich könnte euch über einige Dinge, die ich hier erlebt habe, berichten. Mir sind ein paar Dinge widerfahren, von denen ich bisher dachte, diese seien mehr oder weniger Geschichten und sowas gäbe es gar nicht. Nun weiß ich es besser und ich weiß auch, dass Gott mit mir ist und mir hilft, alles zu durchstehen. Mein Ziel ist immer noch Einen für Bill."*

Mir sind ein paar Dinge widerfahren … Bei diesen Zeilen bleibt es zu Hause nicht aus, dass man sich dort Sorgen macht und sich fragt, was er damit meint. Einige Details werden die Eltern erst Monate später erfahren. *"Mein Ziel ist immer noch Einen für Bill."* Der Gedanke liegt nahe, dass er sich wünscht, ein deutsches Flugzeug abzuschießen – für seinen Freund Bill Stone, den er bei dem Trainingsunfall verloren hat.

Einsatz Nr. 4 - 28. August 1944
Fromental, Frankreich - 3:05 h – PD207 – PH-W

Einsatzbericht RAF Wickenby:
10 Lancaster mit dem Einsatzbefehl, Fromental [Stadt in der Mitte Frankreichs] zu bombardieren. Startzeit um 19.00 Uhr, Bombenlast pro Flugzeug 6,8 Tonnen. Kein Widerstand. Die Bombardierung war etwas verstreut. Alle Flugzeuge sind nach Wickenby zurückgekehrt.

Einsatz Nr. 5 - 31. August 1944
Saint Riquier, Frankreich - 3:50 h - PD207 – PH-W

Einsatzbericht RAF Wickenby:
20 Lancaster mit dem Einsatzbefehl, die V2-Lager [Vergeltungswaffe 2, Großrakete mit Flüssigkeitstriebwerk] in Saint-Riquier (Nordfrankreich) zu bombardieren. Bombenlast pro Flugzeug 13 x 450 Kilogramm und 4 x 225 Kilogramm. Leichter Flakbeschuss südlich von Abbeville, keine Jäger-Gegenwehr. Zerstreute Bombardierung, wobei einige Bomben zwischen dem Zielgebiet und dem Dorf niedergingen. Fünf Flugzeuge wurden von der Flak beschädigt, sechs Männer verletzt. Alle Flugzeuge sind nach Wickenby zurückgekehrt.

BRIEF VOM 31. AUGUST 1944

John ist ein charmanter Typ. *„Dank eines Lächelns habe ich neulich von dem Mädchen in der Post einen ganzen Packen Briefpapier erhalten."* Und man hat ihn zum Flight Sergeant befördert. Anscheinend ist ihm der Titel gar nicht so wichtig; immerhin erhält er einen höheren Sold – aber auch der scheint für ihn nicht von Belang zu sein: *„Ich glaube, es sind $ 3,50 pro Tag. Eigentlich sollte ich es genau wissen, aber ich weiß es nicht."*

Über seinen Freund Doug Tate aus Kanada erfährt er von den Eltern, dass dieser jetzt erst den Abschluss in Lachine gemacht hat. Und das, obwohl er drei Wochen vor ihm dort angefangen hat! Er mutmaßt, dass noch einige Zeit vergehen wird, bevor sein Freund einsatzbereit ist. *„Aber er verpasst nichts, dass könnt ihr mir glauben."* Mittlerweile werden Johns Formulierungen immer unverblümter: *„Hin und wieder muss ich schon zugeben, dass ich etwas Angst habe. Wie auch immer, das geht vermutlich allen hier auf die Nerven. Jedenfalls weiß ich immer, dass ich es mit einer guten Portion Selbstvertrauen und Gottvertrauen überstehen werde."* Und dabei hat er erst fünf von 30 Einsätzen hinter sich gebracht …

Zigaretten sind auch in diesem Brief das abschließende Thema: *„Ein Australier aus unserer Baracke hat mir ein paar Schachteln amerikanische Zigaretten geliehen. Diese schmecken genauso gut, wenn nicht sogar besser als unsere."* Bis auf den Piloten, der in einer Offiziersunterkunft lebt, sind Johns Kameraden gemeinsam mit einer befreundeten australischen Besatzung in einer Baracke untergebracht. Allerdings wird das nicht mehr lange der Fall sein – demnächst wird ein trauriges Ereignis dazu führen, dass die Betten der Australier leer bleiben.

Einsatz Nr. 6 - 5. September 1944
Le Havre, Frankreich - 3:40 h - PB476 - PH-Y

Einsatzbericht RAF Wickenby:
24 Lancaster mit dem Einsatzbefehl, Truppenkonzentrationen bei Le Havre [Hafenstadt in Nordfrankreich] zu bombardieren. Startzeit um 15.59 Uhr, Bombenlast pro Flugzeug 13 x 450 Kilogramm und 4 x 225 Kilogramm. Leichte schwere Flak am Anfang der Attacke, Jäger wurden nicht gesichtet, kein Jagdschutz. Konzentrierte Bombardierung mit lediglich zwei Ausreißern, die in den Hafen fielen. UM-U2 wurde von

schwerer Flak vor der Bombardierung getroffen, wobei der Bombenschütze verletzt wurde. Alle Flugzeuge sind nach Wickenby zurückgekehrt.

BRIEF VOM 7. SEPTEMBER 1944

Leider mangelt es wieder einmal an leckeren Lebensmitteln: *„Hätte ich nicht in Kürze Urlaub, würde ich hier auf der Station verrückt werden. Ich esse hier Dinge, die würden wir zuhause noch nicht einmal der Katze geben. Aber wenn andere das schon seit fünf Jahre aushalten, werde ich es wohl auch noch eine Weile schaffen. Ich glaube nicht, dass mein Magen jetzt eine anständige Mahlzeit aushalten würde. Aber es könnte auch schlimmer sein, mir geht es trotz allem gut und ich hoffe, dass es nicht mehr allzu lange dauert."*

ENDLICH AN BORD

Inzwischen sind alle an Bord und haben ihre Positionen eingenommen. Im Cockpit wird ein Punkt nach dem anderen von einer Checkliste abgefragt:

Pilot Veitch: „Vorflug-Kontrolle." – Bordingenieur Stevenson: „Abgeschlossen, alles in Ordnung, Besatzung an Bord."

Stevenson: „Höhenruder, Seitenruder und Querruder" – Veitch: „Einwandfreie Funktion."

Stevenson: „Funkanlage." Funker Hall: „Eingeschaltet."

Stevenson: „Bordfunk." – Besatzung: „Geprüft. Alles in Ordnung."

Check Bodenbesatzung: „Alles verschlossen, Stecker und Leiter entfernt, Brandwart in Position, Bereich um das Flugzeug frei für den Start."

Veitch: „Haupttreibstoffhahn."– Stevenson: „AUF."

Veitch: „Zündung." – Stevenson: „Zündung Motor Nummer 3 eingeschaltet."

Stevenson: „Startknopf." – Veitch: „Gedrückt, Motor 3 läuft."

Nach dem gleichen Schema werden nacheinander die Motoren 4, 2 und 1 gestartet. Kurz darauf rollt ein Flugzeug nach dem anderen zur Startbahn und wartet auf die Startfreigabe.

16.01 Uhr. Der erste Lancaster-Bomber in Wickenby hebt ab, Reg Veitchs steht an 17. Position. Um 16.18 Uhr erhält er die Startfreigabe und zieht die Gashebel nach hinten. Die Motoren dröhnen auf und der Bomber setzt sich träge in Bewegung und hebt schließlich bei 170 Kilometer pro Stunde ab. Nach dem Start des letzten Flugzeugs kehrt rund um Wickenby wieder Ruhe ein. Erst gegen 21.30 Uhr wird planmäßig der erste Bomber zurück erwartet. In den Sternen steht, ob alle es schaffen werden.

EIN FLUGPLATZ IN DEUTSCHLAND

730 Kilometer Luftlinie von Wickenby entfernt, in Deutschland auf einem Flugplatz ganz in der Nähe von Biblis bei Worms. Hier ist so weit noch alles ruhig. Die Messerschmitt Bf 109-Jagdflugzeuge der 2. Staffel des Nachtjagdgeschwaders 11 der Luftwaffe stehen am Rand des Flugplatzes. Ob sie an diesem Abend zum Einsatz kommen, weiß hier noch niemand. Leutnant Gustav Mohr zählt mit seinen 25 Jahren und 33 Einsätzen zu den erfahrenen Piloten. Zwei Abschüsse werden ihm bisher zugeschrieben.

Leutnant Gustav Mohr – Foto: Aircrew Remembrance Society, Melvin Brownless

Einsatz Nr. 7 - 8. September 1944
Le Havre, Frankreich - 3:35 h - PB476 - PH-Y

Einsatzbericht RAF Wickenby:
20 Lancaster mit dem Einsatzbefehl, in Le Havre Geschütze, Truppen und Munitionsdepots zu bombardieren. Startzeit um 6.20 Uhr, Bombenlast pro Flugzeug 6,8 Tonnen, 8 bis 10 schwere und 5 leichte Flakgeschütze schossen akkurat auf sichtbare Flugzeuge, feindliche Flugzeuge wurden nicht gesichtet. Die zurückkehrenden Flugzeuge wurden nach Faldingworth umgeleitet, da aufgrund eines Trainingsunfalls die Landebahn blockiert war. LM270 UM-D2, die sich auf einem Trainingsflug befand, überflog mit Mühe einen Bauernhof und setzte mit 370 Kilometer pro Stunde auf und hob dann wieder ab und kam abschließend in einem Graben brennend zum Stillstand. Der Flugingenieur Sgt EA Madge starb, die sechs weiteren Besatzungsmitglieder wurden mit Verletzungen ins Krankenhaus gebracht. Flugzeuge sind später nach Wickenby zurückgekehrt.

BRIEF VOM 15. SEPTEMBER 1944

Diesmal schreibt John wieder aus Schottland, aus dem Urlaub. Zuvor hat sich etwas Sonderbares zugetragen: *„Reg wollte mit mir kommen, aber leider mussten wir uns trennen. Bert fuhr nach London, Reg und ich wollten hierhin. In der ersten Nacht hatte Reg jedoch einen Unfall in einem City Hotel in England. Um ungefähr ein Uhr nachts fiel Reg aus dem Hotelfenster, auf einen Holzzaun und anschließend in einen davor liegenden Steingarten. Nur mit dem Schlafanzug bekleidet, hat er sich das Bein über dem Knie aufgeschlitzt und sich ziemlich böse am Fuß geschnitten. … Er ist weder schlafgewandelt, noch hatte er einen Albtraum. Es ist jedoch schwer zu sagen, wie es genau passiert ist. Wäre er betrunken gewesen, hätte man den Vorfall gut erklären können. Er war es aber nicht."* John attestiert seinem Freund *„jede Menge Schutzengel. Zum einen, weil wir uns in der ersten Etage befanden, was vom Boden aus um die sechs bis acht Meter hoch war. Wäre er zum anderen mit dem Kopf aufgeschlagen, so wäre er jetzt sicherlich tot. Nun liegt er, gut versorgt, in einem Militärkrankenhaus und kommt in zwei oder drei Tagen wieder raus. Ich bin noch zwei Tage bei ihm geblieben und habe so gut wie möglich versucht, ihn aufzubauen. Er ist ein guter Kerl und ich weiß, dass er das Gleiche für mich getan hätte."*

Wegen Regs Unfall werden sie für die nächsten 20 Tage keine Einsätze fliegen können. Schwirig zu sagen, ob das willkommen ist oder nicht – in jedem Fall verlängert sich somit die Zeit bis zum ersehnten 30. und letzten Flug ...

BRIEF VOM 25. SEPTEMBER 1944

John ist zurück aus Schottland und hat Neuigkeiten zu berichten: *„Als wir alle zurückkamen, war Reg auch schon hier. Er muss sich allerdings noch in der Krankenstation des Flugplatzes erholen. Es geht ihm schon viel besser, allerdings braucht er noch Ruhe. Nach unserem siebentägigen Urlaub haben wir drei weitere Tage erhalten. Nun geht es erst weiter, sobald Reg wieder fit ist."*

Er kündigt den Eltern noch an, dass er ihnen ein Einschreiben mit weiteren Fotos geschickt hat: *„Es kann sein, dass ihr mich auf den Fotos nicht wiedererkennt. Mit etwas Glück gelingt euch das erst nach einem Lachanfall."*

DER BOMBER ÜBERFLIEGT DEN ÄRMELKANAL

Auf dem Weg nach Essen, befindet sich der Lancaster-Bomber nach dem Start nun seit über einer Stunde in der Luft. Ein wenig westlich der südenglischen Stadt Eastbourne wird der Ärmelkanal erreicht, und das Flugzeug lässt Großbritannien hinter sich. Jetzt, um kurz vor halb sechs, ist es draußen komplett dunkel und die Temperaturen liegen bei eisigen minus 40 Grad Celsius. Gut, dass im hinteren Gefechtsstand Johns elektrisch beheizter Fliegeranzug einwandfrei funktioniert.

John im Schottenrock – Foto: John Patterson

Ungefähr zur gleichen Zeit trifft auf dem britischen Flugplatz in Wickenby ein Besucher für John ein. Es ist sein Freund Doug Tate, die beiden verpassen sich nur knapp. John befindet sich bereits auf dem Weg nach Essen. Doug hat Zeit, er wartet.

Bereits um 17:40 Uhr landet der erste Lancaster-Bomber mit der Kennung UM-B2 am Ausgangspunkt, viel früher als erwartet. Der linke äußere Motor muss schon beim Start ausgeschaltet werden. Mit nur drei Motoren ist es viel zu riskant weiterzufliegen. Etwas später setzt PH-G zur Landung an, dem Heckschützen ist schlecht geworden. Ohne einen voll einsatzfähigen Heckschützen weiterzufliegen, ist zu gefährlich. Ein weiteres Flugzeug erreicht das Ziel ebenfalls nicht und kehrt um: Bei UM-K2 fallen irgendwann der Geschwindigkeitsmesser sowie der künstliche Horizont aus.

BRIEF VOM 2. OKTOBER 1944

Endlich erhält John regelmäßig und vor allem zeitig Post. Das liegt daran, dass er nicht mehr von Trainingsstation zu Trainingsstation reist. Offen bleibt das Schicksal seines Freundes Mike McRory. Von ihm hat er immer noch nichts gehört. Erst jetzt erwähnt er, dass er bereits sieben Einsätze geflogen hat; die Eltern haben offensichtlich danach gefragt. Reg ist endlich wieder gesund, alle hatten in den letzten paar Wochen sieben Tage Urlaub und zwei weitere 48-Stunden-Ausgänge. *„Für die britischen Kameraden unserer Besatzung ist das sehr schön, mir ist jeglicher Urlaub auch nur Recht."*

Ein Jahr ist es bald her, dass John von zu Hause weg ist – und leider besteht die Aussicht darauf, *„dass wir hier ein weiteres Weihnachtsfest verbringen"*.

Einsatz Nr. 8 - 5. Oktober 1944
Saarbrücken - 6:35 h - ME645 - PH-V
Bordingenieur: P/O Varrie A. W. RAF

Einsatzbericht RAF Wickenby:
39 Lancaster mit dem Einsatzbefehl, Eisenbahnlinien und Versorgungswege zu bombardieren, Anfrage von der anrückenden American Third Army [3. Amerikanische Armee]. Startzeit um 18.17 Uhr mit einer Bombenlast pro Flugzeug von 1 x 1,8 Tonnen und 3,3 Tonnen Brandbomben. Mäßiger bis schwerer Flak-Beschuss, keine Suchscheinwerfer, einige Jagdflieger über dem Zielgebiet. Gut konzentrierte Bombardierung, die Stahlwerke der Vereinigten Hüttenwerke erhielten einige

heftige Gebäudetreffer, die Waggonfabrik Lüttgens, die Maschinenbau AG und die Portland Zementwerke erhielten schwerwiegende Treffer, die Infanterie-, berittene Infanterie- und Artilleriebaracken sind ausgebrannt. Ein Flugzeug kehrte um, zwei wurden durch Flak und zwei im Kampf beschädigt. Alle Flugzeuge aus Wickenby sind zurückgekehrt.

Das ist der erste Flug ohne den bisherigen Bordingenieur Stan Counter. An dessen Stelle fliegt nun erstmalig A. W. Varrie mit Reg Veitchs Besatzung.

Einsatz Nr. 9 - 7. Oktober 1944
Emmerich - 4:35 h - JB559 - PH-Z

Einsatzbericht RAF Wickenby:
42 Lancaster mit dem Einsatzbefehl, feindliche Truppen und das Eisenbahnzentrum in Emmerich zu bombardieren. Startzeit um 11.22 Uhr, das war der erste Tagangriff auf Deutschland von Wickenby ausgehend. Mäßiger bis intensiver, schwerer Flak-Beschuss. Die Bombardierung war konzentriert, mit vielen Brandauslösern, vier versenkten großen Binnenschiffen und einer Vielzahl von kleinen Schiffwracks, sechs unterbrochenen Eisenbahnlinien und beschädigten Schienenfahrzeugen, das Stadtzentrum wurde zerstört und Straßen blockiert. Acht Flugzeuge aus Wickenby wurden von der Flak getroffen, alle sind zurückgekehrt.

BRIEF VOM 8. OKTOBER 1944

Johns Schreiben beginnt mit einem Augenzwinkern: *„Da ich heute nicht in der Kirche bin, habe ich beschlossen, euch einen Brief zu schreiben. Ich habe mir vorgenommen, heute Abend ein wenig im Science & Health Magazin [christlich orientiertes Wissenschafts- und Gesundheitsmagazin] zu lesen, das ihr mir geschickt habt. Ich vermute, das wird in etwa so sein, wie die Bibel zu lesen. Sollte das so sein, wird es mir nicht schaden."* Offensichtlich ist er optimistisch aufgelegt: *„Ein Drittel habe ich nun hinter mir und kann nach Hause, wenn die nächsten zwei Drittel gut gehen."*

Endlich gibt es Neuigkeiten über Mike McRory: Ihm geht es vermutlich gut, John ist offenbar einer Fehlinformation aufgesessen. Besonders freut sich John über den Besuch seines Freundes Don Eastman. Er hat ihn zwei Tage in Wickenby besucht. *„Mensch, tat das gut, ihn zu sehen. Es hat mich an früher erinnert. In meiner Baracke war ein Ersatzbett für ihn, und er trug meine Uniform bei den Essen. Er wird nun als Kampfpilot ausgebildet und ist froh, von den Bombern weg zu sein. Er schätzt, dass er ab 1946 oder später in den Einsatz kommt. Er meint, ich hätte Glück gehabt, nachdem ich ihm einige meiner Geschichten erzählt habe."*

Was er nicht wissen kann: Das wird das letzte Treffen mit Don Eastman sein. Nach Kriegsende, am 9. Juni 1945, kommt Don bei einem Flugunfall ums Leben. Er gerät mit seinem Spitfire-Jäger in ein 60 Meter langes Seil, das ein Hubschrauber hinter sich herzieht und an dessen Ende sich eine Signalboje befindet. Der Untersuchungsbericht weist Don Eastman als unschuldig aus.

Einsatz Nr. 10 - 14. Oktober 1944
Duisburg (1.) - 4:30 h - PD270 - PH-X
Bordingenieur: Sgt. Counter S. V. RAF

Einsatzbericht RAF Wickenby – erste Angriffswelle:
36 Lancaster mit dem Einsatzbefehl, die Thyssen Stahlwerke in Duisburg zu bombardieren. Startzeit um 6.14 Uhr, Bombenlast pro Flugzeug von 5,9 Tonnen. Intensive schwere Flak beim Anflug auf das Zielgebiet, keine Jagdflugzeuge gesichtet. Zerstörungen durch Explosionen von

Hochöfen, Walzwerken, sonstige Industrie, Lager, Hafen und Bahngebäuden. Vier Flugzeuge sind abgestürzt. NE163 UM-T2 - F/L RM Aldus, F/O T Culshaw, F/O RE Blake, F/O JM MacMillan, Sgt V Sheppard, Sgt H Jefferies & Sgt J Marks kamen alle ums Leben, NF928 PH-S - F/L RL Clearwater, F/O HJ Watts, F/Sgt AS Price, F/Sgt R Clark, Sgt WA Berry, Sgt R Wolsey & Sgt GF Walton kamen alle ums Leben, LL909 PH-Y - F/O TS Sorenson, F/O HS Gartrell, Sgt C Fernie & Sgt SR Smith kamen alle ums Leben, Sgt R Allen, F/O R Randall & Sgt DR Smith gerieten in Kriegsgefangenschaft, ME788 PH-Q stürzte in der Nähe von Skegness (Ostengland) in die Nordsee. Die Besatzung wurde gerettet.

Jack Kenworthy wird noch am gleichen Abend mit einer anderen Besatzung fliegen – erneut in Richtung Duisburg. Er hat damit einen Einsatz mehr auf dem Konto als seine Stammbesatzung.

Einsatzbericht RAF Wickenby – zweite Angriffswelle:
32 Lancaster mit dem Einsatzbefehl, die Thyssen Stahlwerke in Duisburg zu bombardieren. Startzeit um 22.14 Uhr, Bombenlast pro Flugzeug 5,9 Tonnen. Der Flakbeschuss war schwächer im Gegensatz zum morgendlichen Angriff, ein paar Jagdflugzeuge wurden gesichtet. Die durch den morgendlichen Angriff ausgelösten Feuer brannten immer noch. Konzentrierte Bombardierung und neue, schnell ausbreitende Brände. Der Industrie, Bahnanlagen und Hafenbecken wurden gewaltige Zerstörungen zugefügt. Ein Flugzeug ist abgestürzt, LM596 UM-V2 - F/O JC Campbell, F/O RA Charland, F/O RC Clouston, F/Sgt RMJ Champagne, F/Sgt WF Palmer, Sgt SJ Akhurst, Sgt TG Reynolds & P/O JA Orr kamen alle ums Leben.

26 Männer aus Wickenby sind an diesem Tag ums Leben gekommen.

Einsatz Nr. 11 - 19. Oktober 1944
Stuttgart - 7:25 h- PD369 - PH-I

Einsatzbericht RAF Wickenby:
19 Lancaster mit dem Einsatzbefehl, Stuttgart in zwei Angriffswellen zu bombardieren. Startzeit 16.49 Uhr und 21.25 Uhr, Bombenlast pro Flugzeug 4,75 Tonnen. Mäßiger bis schwerer Flak-Beschuss, 300 bis 400 Nachtjäger befanden sich in der Luft. Die Robert Bosch Werke, Kreidlers Metall- und Drahtwerke wurden schwer getroffen. Die Infrastruktur wurde durch Treffer des Güter- und Personenbahnhofs sowie Lokomotiven-Betriebswerke unterbrochen. Das städtische Gaswerk und die Infanteriebaracken wurden ebenfalls getroffen. PA993 UM-H2 stürzte auf dem Rückflug ab, F/O RS Clements, Sgt J Air, Sgt JM Hill, Sgt LTA Gardner, Sgt R Richmond & Sgt T Studeny wurden verletzt und überlebten, Sgt RJ Terry starb nach seiner Überführung zum Lincoln Military Hospital.

Bei diesem Einsatz befindet sich anstatt des Bordingenieurs Varrie nun Sergeant Davis an Bord. Davis wird bei dem darauf folgenden Flug wieder dabei sein.

Einsatz Nr. 12 - 22. Oktober 1944
Kattegat, Schweden - 6:55 h - ND342 – PH-U
Bordingenieur: Sgt. Davies H. D. RAF

Einsatzbericht RAF Wickenby :
Um 9.55 Uhr wurde der für heute anvisierte Einsatz auf Essen annulliert. (Stattdessen) 5 Lancaster mit dem Einsatzbefehl Seeminen im Kattegat (Meeresgebiet zwischen Jütland (Dänemark) und der schwedischen Westküste) zu legen. Startzeit 16.24 Uhr, etwas leichte Flak und Jäger-Aktivität, der Bombenabwurf schien akkurat verlaufen zu sein. UM-C2 wurde von Flak getroffen. UM-M2 wurde von hinten aus kurzer Distanz von einem nicht identifizierten feindlichen Flugzeug beschossen. Auch der Heckschütze sah das Flugzeug nicht, der Pilot leitete einen Sturzflug über Backbord ein. Der mittlere, obere Schütze feuerte 100 Salven in Richtung der Leuchtspurgeschosse und beobachtete eine Explosion im Heckwaffenstand, bevor der Heckschütze aufgehört hat

> zu schließen. F/Sgt EW Bock, der Heckschütze, wurde später tot aufgefunden. Nach der Landung in Woodbride (Ostengland) wurde festgestellt, dass die gesamte Rumpflänge mit Kanoneneinschüssen durchsetzt, das Backbord-Querruder weggeschossen war und sowohl die Gegensprechanlage wie auch die Bombenklappen zerschossen waren.

AREA BOMBING DIRECTIVE – FLÄCHENBOMBARDEMENT

Bis März 1942 kommt es zu keinen größeren Gegenschlägen seitens der Royal Air Force auf deutsche Städte. Kurz zuvor hat das britische Luftfahrtministerium am 14. Februar 1942 die Area Bombing Directive, also die Anweisung zum Flächenbombardement herausgegeben. Air Marshall Sir Arthur Harris erhält damit die Berechtigung, die Royal Air Force dafür ohne Einschränkungen einzusetzen. Eine genaue Spezifizierung der Angriffsziele gibt es jetzt nicht mehr, die Taktik lautet: weg vom gezielten Bombardieren von Produktions- und Rüstungsanlagen, hin zur Bombardierung von Menschen. Damit verbunden soll ausdrücklich die Demoralisierung der Bevölkerung einhergehen, insbesondere die der Industriearbeiter. Harris wird zum glühenden Verfechter des Flächenbombardements – die Strategie der deutschen Luftwaffe für ihre Angriffe auf britische Städte wie London oder Coventry sind seine Vorbilder.

„There are a lot of people who say that bombing can never win a war. Well, my answer to that is that it has never been tried yet." Arthur Harris
(Es gibt eine Menge Leute, die behaupten, dass durch Bombardierung niemals ein Krieg zu gewinnen sei. Nun, meine Antwort darauf lautet: Es wurde bisher noch nicht versucht.)

Lübeck, Rostock und Köln (Nacht vom 28. auf den 29. März 1942, 24.–27. April 1942 bzw. Nacht vom 30. auf den 31. Mai 1942) sind die ersten Städte, in denen die Royal Air Force die neue Taktik ausprobiert. „Rostock, Lübeck und Köln sind erst der Anfang. Wenn der Sturm erst richtig wütet, werden sich die Deutschen erinnern wie an eine leichte Sommerbrise", so Harris. Während in Rostock auch Rüstungsbetriebe bombardiert werden, gibt es in Lübeck keine militärischen Ziele. Dort gibt es aber viele eng beieinanderstehende Fachwerkhäuser aus Holz, die in Brand geraten sollen. Auch wenn sich die Feuer von Haus zu Haus durch die Straßen fressen: Der erwartete Feuersturm, wie ihn später Hamburg oder Dresden erleben, bleibt aus. Mit Köln wird eine bedeutende Stadt angegriffen, die dank des Rheins und des

Doms relativ einfach aus der Luft zu orten ist. Hier findet zudem der erste sogenannte 1000-Bomber-Angriff statt, große Teile der Stadt werden zerstört.

Im August 1942 erhalten die Briten militärische Unterstützung: Die Amerikaner treten in Europa in den Krieg ein. Man einigt sich, dass die United States Army Air Forces hauptsächlich Tagangriffe und die Royal Air Force nachts fliegt. Die nun zur Verfügung stehenden Jagdflugzeuge und Bomber nehmen damit enorm zu – die deutsche Luftwaffe hat dieser Überzahl immer weniger entgegenzusetzen.

NOCH IMMER IM ANFLUG

Nun ist es kurz vor sechs Uhr und der Ärmelkanal liegt hinter den sieben Männern. Zirka 475 Kilometer haben sie zurückgelegt und befinden sich jetzt in Höhe der französischen Küstenstadt Le Crotoy. Wenig später findet ein Kurswechsel nach Osten statt. Bisher läuft alles ruhig nach Plan.

Einsatz Nr. 13 - 23. Oktober 1944
Essen – 6:00 h – ND342 – PH-U
Bordingenieur: F/O Varrie A. W. RAF

Einsatzbericht RAF Wickenby :
39 Lancaster mit dem Einsatzbefehl, Essen zu bombardieren. Startzeit 15.55 Uhr, Bombenlast pro Flugzeug 5,4 Tonnen. Mäßiger bis schwerer Flak-Beschuss, Suchscheinwerfer konnten die Wolken nicht durchdringen, offenbar ein paar Jagdflugzeuge. 1 Flugzeug wurde von Flak beschädigt, 4 Flugzeuge in Luftkämpfe verwickelt, UM-S2 wurde durch eine von einem anderen Flugzeug abgeworfene Bombe beschädigt. Hierdurch wurden 8,5 Meter der Flügelhinterkante sowie das Querruder abgerissen. Trotzdem gelang es der Besatzung, die Bomben im Zielgebiet abzuwerfen und mit größter körperlicher Anstrengung das Flugzeug sicher Richtung Heimatflughafen zu fliegen und zu landen. PD331 PH-O stützte bei Winterswijk in Holland ab, F/O DW MacLean, W/O J Philip, F/Sgt JE Kelly, F/Sgt AB Llewellyn, Sgt FW Niblett, F/Sgt K Rowley, F/Sgt IH Fleming verloren ihr Leben.

BRIEF VOM 25. OKTOBER 1944

Die Einsätze beanspruchen John nun stark. Dankbar erwähnt er: *„Jeder hier denkt, dass sich um mich sehr fürsorglich gekümmert wird, und das stimmt auch. Ich wünschte nur, ich könnte auch etwas für euch tun, aber ich schätze mal, dass dauert noch etwas. Nun gut."* Er erwähnt nochmals Reg Veitch, den Piloten. Er sei ein toller Typ – auch Don Eastman habe das bestätigt. Nun hat er die Hälfte der Einsätze hinter sich. Erneut kommt er auf die Australier zurück, von denen er schon in einem vorherigen Brief geschrieben hat. *„Habe ich irgendwann mal von den fünf Australiern geschrieben, die bei uns in der Baracke waren? Wie auch immer, wir haben sie kürzlich verloren. Ich wünschte, ich könnte euch die Geschichte erzählen. Wir haben uns so gut verstanden."* Die fünf Kameraden stürzen während eines gemeinsamen Einsatzes auf Essen am 23. Oktober 1944 ab.

Um nochmals auf die 30 zu absolvierenden Einsätze zurückzukommen: Auch wenn es selten offen angesprochen wird, rein rechnerisch können diese bei einer Verlustquote von vier bis fünf Prozent pro Einsatz gar nicht erreicht werden – wobei die Mathematik gar nicht zu Rate gezogen werden muss. Nach fast jedem Einsatz bleiben am nächsten Morgen im Speisesaal des Flugplatzes Wickenby oder den vielen anderen Bomber-Stationen in England sieben, vierzehn oder mehr Plätze frei. Johns australische Freunde und andere befreundete Besatzungen sind traurige Beispiele. Längst haben es daher die erfahrenen alten Hasen, zu denen Reg Veitchs Besatzung gehört, aufgegeben, engere Freundschaften mit frisch ausgebildeten Besatzungen zu schließen. Diese sind häufig nur ein paar Tage auf dem Luftwaffenstützpunkt und kehren von ihren ersten drei Einsätzen nicht zurück. Aber auch die Freundschaften zu den erfahrenen Besatzungen sind lediglich tagesaktuell.

Verlustzahlen Bomber Command

Nach dem Ende des Zweiten Weltkriegs stehen die Verlustzahlen des Bomber Command fest. Das aktiv Einsätze fliegende Personal des Bomber Command besteht aus rund 125.000 Mann. Fast 45 Prozent verlieren ihr Leben, 47.268 während der Einsätze, weitere 8.305 bei Flug- oder Trainingsunfällen – insgesamt sind das 55.573 Männer[9]. 8.403 werden verwundet, 9.838 geraten in Kriegsgefangenschaft.

BRIEF VOM 27. OKTOBER 1944

Nun meinen es die Eltern zu gut mit den Hilfspaketen. Daher bittet John freundlich *„Anstatt der Fülle an Paketen sendet mir bitte an jedem 10. des Monats ein Wertpaket, ein normales an jedem 20. und ein weiteres Wertpaket jeden 30. Ist das für euch in Ordnung?"* Auch auf die Australier kommt er nochmals zu sprechen: *„Ich vermisse natürlich die Australier. Es waren so feine Kerle und sie waren bei ihrem 21. Einsatz. Es ist ein harter Job. Wenn wir Glück haben, bin ich um Weihnachten fertig. Hoffentlich!"* John hat zu diesem Zeitpunkt 13 Einsätze überlebt.

Auch eine andere Hoffnung schwindet: die, dass der Krieg nicht mehr lange dauern wird. Zurzeit scheint der Krieg eher „schleppend" fortzuschreiten, so John. Er fügt hinzu: *„Von mir aus kann es nicht schnell genug gehen, denn ich habe langsam genug von diesen „blöden Sachen"*.

Einsatz Nr. 14 - 28. Oktober 1944
Köln – 4:55 h – ND342 – PH-U

Einsatzbericht RAF Wickenby:
36 Lancaster mit dem Einsatzbefehl, Köln zu bombardieren. Startzeit 13.00 Uhr, Bombenlast pro Flugzeug 1 x 1,8 Tonnen und 11 x 225 Kilogramm. Mäßiger Flak-Beschuss, keine Jagdflugzeuge lokalisiert. 6 Flugzeuge wurden beschädigt, PH-P wurde als vermisst gemeldet, später stellte sich heraus, dass das Flugzeug im belgischen Le Culot gelandet ist.

Einsatz Nr. 15 - 29. Oktober 1944
Domburg, Niederlande – 2:35 h - PB243 – PH-D
Bordingenieur: Sgt. Davies H. D. RAF

Einsatzbericht RAF Wickenby :
10 Lancaster mit dem Einsatzbefehl, deutsche Stellungen in Domburg (niederländisches Seebad an der Nordseeküste) zu bombardieren. Startzeit 11.59 Uhr, Bombenlast pro Flugzeug 1 x 1,8 Tonnen, 1.800 Stück

1,8 Kilogramm Brandbomben. Kein Widerstand. Akkurate und konzentrierte Bombardierung. 2 Flugzeuge wurden beschädigt, PH-B wurde von einem 22-mm-Geschoss getroffen, UM-P2 von Bombensplittern. Alle Flugzeuge aus Wickenby sind zurückgekehrt.

Einsatz Nr. 16 - 31. Oktober 1944
Köln – 5:20 h – ND342 – PH-U
Bordingenieur: F/O Varrie A. W. RAF

Einsatzbericht RAF Wickenby:
27 Lancaster mit dem Einsatzbefehl, Köln erneut zu bombardieren. Startzeit 17.29 Uhr, Bombenlast pro Flugzeug 1 x 1,8 Tonnen, 6 x 450 Kilogramm und 6 x 225 Kilogramm. Unregelmäßige schwere Flak, Berichte von durch Strahltriebwerke betriebenen Flugzeugen auf der Rückflugroute. 2 Flugzeuge wurden durch Brandbomben beschädigt, 1 Flugzeug von Flak getroffen, 1 Flugzeug im Luftkampf mit Ju 88. Alle Flugzeuge aus Wickenby sind zurückgekehrt.

In einem der beiden von Brandbomben getroffenen Flugzeuge sitzt die Besatzung von Reg Veitch. Bei diesem Flug ist ein zweiter Pilot an Bord: Flight Lieutenant Somerville. Bordingenieur ist wiederum Flight Officer Varrie. Nach fünf Einsätzen ist es sein letzter Flug mit dieser Besatzung. Er fliegt bereits seit Ende September 1943 von Wickenby aus, hat jetzt endlich die erforderlichen 30 Einsätze absolviert. Weswegen er immer wieder länger zwischen den Einsätzen pausiert, ist nicht bekannt.

Einsatz Nr. 17 - 2. November 1944
Düsseldorf – 5:15 h – PB476 – PH-Y
Bordingenieur: Sgt. Godden K. L. RAF

Einsatzbericht RAF Wickenby:
29 Lancaster mit dem Einsatzbefehl, Düsseldorf zu bombardieren. Startzeit 15.58 Uhr, Bombenlast pro Flugzeug 5,9 Tonnen. Zahlreiche Suchscheinwerfer, mäßiger bis schwerer Flak-Beschuss, sehr

aktive Nachtjäger. Schwere Zerstörungen nördlich des Hauptbahnhofs, 4 Fabriken heftig beschädigt, viele Bombentreffer auf Gleise und Rangierbahnhof. Viele Brände im Zentrum der Stadt, die auf dem Rückflug auch nach 185 Kilometern sichtbar waren. PH-H hatte einen Luftkampf mit einer Focke-Wulf, welche als beschädigt gemeldet wurde. Alle Flugzeuge aus Wickenby sind zurückgekehrt.

BRIEF VOM 5. NOVEMBER 1944

In weiser Voraussicht und nach den Erfahrungen aus dem letzten Jahr haben die Eltern bereits jetzt ein Weihnachtspaket an ihren Sohn versendet – und das ist auch schon angekommen.

Wehmütig resümiert John: *„Die Vorstellung, noch ein Weihnachtsfest hier zu verbringen, fällt mir nicht leicht. Als ich letztes Jahr mit Bill über Weihnachten in London war, da dachten wir, dass wir das nächste Weihnachtsfest wieder zuhause verbringen werden."* Immerhin besteht die Hoffnung, dass er dieses Jahr Weihnachten wieder frei haben könnte – und kurz darauf die 30 Einsätze absolviert hat. *„Ich habe nun mit 17 Einsätzen die Hälfte hinter mir. Das wird kein Spaß werden! Wie auch immer: Wir lachen mehr, als wir stöhnen und das ist ein gutes Zeichen."*

In vier Tagen machen John und sein Pilot Reg wieder gemeinsam Urlaub. *„Allerdings werde ich dieses Mal gut auf ihn aufpassen und die Fenster schließen, bevor wir ins Bett gehen."*

Einsatz Nr. 18 - 6. November 1944
Gelsenkirchen – 4:50 h - PB476 – PH-Y
Bordingenieur: Sgt. Davies H. D. RAF

Einsatzbericht RAF Wickenby :
34 Lancaster mit dem Einsatzbefehl, die Nordstern-Synthetiköl-Fabriken in Gelsenkirchen zu bombardieren. Startzeit um 10.59 Uhr, Bombenlast pro Flugzeug 1 x 1,8 Tonnen und 2070 x 1,8 Kilogramm Brandbomben. Extreme schwere Flak, feindliche Flugzeuge wurden nicht gesichtet, Jägerbegleitschutz durch das 7. Geschwader mit Mustangs und dem 16. Geschwader mit Spitfires. Die Bombardierung war ziemlich zerstreut, schwarzer Rauch oberhalb der Wolken ließ vermuten, dass die Ölfabrik

getroffen wurde, weitere schwere Zerstörungen im Süden und Osten der Stadt, Zerstörung des Güterbahn- und Rangierbahnhofs. 7 Flugzeuge wurden durch Flak beschädigt. Alle Flugzeuge aus Wickenby sind zurückgekehrt.

Dies ist der dritte und letzte Einsatz von Sergeant Davies mit Reg Veitchs Besatzung.

Einsatz Nr. 19 - 9. November 1944
Wanne-Eickel – 5:30 h - PB476 - PH-Y
Bordingenieur: Sgt. Godden K. L. RAF

Einsatzbericht RAF Wickenby :
27 Lancaster mit dem Einsatzbefehl, die Ölraffinerie in Wanne-Eickel zu bombardieren. Startzeit 7.27 Uhr, Bombenlast pro Flugzeug 1 x 1,8 Tonnen, 16 x 225 Kilogramm. Unwirksame Flak, feindliche Flugzeuge wurden nicht gesichtet. Die Zielmarkierungen wurden nicht gefunden, so dass der führende Bomber den Befehl gab, mittels Navigationshilfe und nach eigenem Dafürhalten zu bombardieren. Zerstreute Bombardierung, keine sichtbaren Zerstörungen. Alle Flugzeuge aus Wickenby sind zurückgekehrt.

1. BRIEF VOM 18. NOVEMBER 1944

Wieder haben John und seine Kameraden frei.. *„Dieses Mal habe ich den kompletten Urlaub mit Reg verbracht und ihn davon abgehalten, aus Fenstern zu fallen. Obwohl … vielleicht hätte ich ihn nicht davon abgehalten, dann hätten wir möglicherweise noch mehr Urlaub als beim letzten Mal bekommen. Keine schlechte Idee! Haha!"* Und immer noch besteht die Hoffnung, Weihnachten fertig zu sein. *„Wenn wir das schaffen würden, wäre das für mich das größte Weihnachtsgeschenk."*

2. BRIEF VOM 18. NOVEMBER 1944

Entweder ist der Appell an die Eltern, nur noch zu bestimmten Zeiten Pakete zu versenden, nicht angekommen – oder sie ignorieren es liebevoll. *„Ehrlich, in meiner*

Ecke sieht es aus wie in einem Lebensmittelladen. Ich habe hier noch niemanden getroffen, bei dem es auch nur halb so aussieht, wie bei mir. Die meisten Jungs hier haben keine Zigaretten mehr, ich schon. Entspannt euch mal und macht euch keine Sorgen um mich." Und **weiter**: „*In Dougs Brief habe ich gelesen, dass ihr euch gefragt habt, ob ich mit einer Lancaster oder Halifax fliege. Wir fliegen die gute, alte Lancaster."*

Lancaster-Bomber im Flug, aufgenommen im Mai 2018 in Großbritannien – Foto: Thomas Boller

An Bord von Lancaster PH-U sind knapp über zwei Stunden Flugzeit und 643 km Wegstrecke seit dem Start in Wickenby vergangen. Nun ist es 18.30 Uhr. Der nächste Kurswechsel auf dem Weg nach Essen steht kurz hinter der Grenze zum südlichen Belgien an. Der Navigator Harry Parry gibt Reg Veitch die Richtungsdaten durch. Dann geht es weiter in Richtung Nord-Nordost.

Einsatz Nr. 20. – 21. November 1944
Aschaffenburg – 7:00 h – ND342 – PH-U

Einsatzbericht RAF Wickenby:
31 Lancaster mit dem Einsatzbefehl, Aschaffenburg zu bombardieren. Startzeit 15.08 Uhr, Bombenlast pro Flugzeug 1 x 1,8 Tonnen, 16 x 225 Kilogramm. Mäßiger bis schwerer Flak-Beschuss, aktive feindliche Jäger,

> vor allem auf der Rückflugroute, Strahlflugzeuge wurden gemeldet. Der Hauptbahnhof wurde schwer beschädigt, der Güterbahnhof zu 1/3, der Rangierbahnhof ist nur zu 5 % zerstört. 1 Flugzeug beschädigt, 2 Flugzeuge in Luftkampf verwickelt. Alle Flugzeuge aus Wickenby sind zurückgekehrt.

BRIEF VOM 24. NOVEMBER 1944

Immer konkreter schreibt John über das ersehnte Ende seiner Einsätze. *„Ich denke mal, dass ich euch schon geschrieben habe, dass ich bereits zwei Drittel hinter mir habe. Das ist zurzeit das Wichtigste für mich, zumal Kanadier nach den 30 Einsätzen nach Hause dürfen."* Tatsächlich rückt dieses Ziel mittlerweile in fast schon greifbare Nähe. Doch nur wenige Tage später wird John traurig feststellen, dass es wohl doch eher Ende Januar werden wird.

Heute hat John ein Gespräch mit Wing Commader Maurice Stockdale. Dieser hat bei der Royal Air Force einen Rang, der vergleichbar mit dem eines deutschen Oberstleutnants ist. Stockdale hält sich aber bedeckt, was den Ausgang des Gesprächs angeht. Nur so viel: *„Ich muss mich irgendwann mal mit dem Oberst treffen. Eigentlich macht das alles mehr Ärger, als dass es nutzt. Auch wenn ich jetzt nicht befördert würde, wäre ich spätestens Mitte Januar Warrant Officer [ranghoher Unteroffizier]."*

Wing Commander Maurice Stockdale wird noch einige Male in Erscheinung treten …

BRIEF VOM 26. NOVEMBER 1944

In dem Brief zwei Tage später geht es erneut um die Besatzung: *„Mama hat sich nochmals nach der Mannschaft erkundigt. Der Junge aus Toronto ist Bert Hall und mit einem kanadischen Mädchen verheiratet. Reg ist mit einem Mädchen in Neuseeland verlobt. Harry Parry, unser Navigator, ist verheiratet, lebt in Wales und hat drei Kinder. Der Bombenschütze ist verlobt und wird, wenn wir mit unseren Einsätzen fertig sind, heiraten. Der andere Schütze und ich haben noch keine Ahnung. Zurzeit haben wir keinen Bordingenieur, da dieser L.M.F. wurde (Doug kann Dir das erklären)."*

Wieder fällt ein Besatzungsmitglied aus. Nicht ganz klar ist, wen John damit konkret meint: Der ursprüngliche Bordingenieur, Sergeant Counter, fliegt seit dem 19. Oktober nicht mehr mit. Danach wechseln sich Sergeant Davies, Flight Officer

Varrie und Sergeant Godden ab. Während Varrie am 31. Oktober seinen letzten Flug hat, fliegt Godden nur noch einmal beim kommenden Einsatz mit. Wieder bleibt jemand mit „L.M.F." auf der Strecke. Nun ist es wahrscheinlich, dass es sich nicht um „mangelnde Disziplin", sondern eher um den großen psychischen Druck handelt – hervorgerufen durch das bereits Erlebte.

Bei der geplanten Hochzeit des Bombenschützen Jack Kenworthy sind John und Reg, der Pilot, für eine besondere Rolle vorgesehen.

Einsatz Nr. 21 - 27. November 1944
Kattegat, Schweden – 6:45 h – ND342 – PH-U

Einsatzbericht RAF Wickenby :
36 Lancaster mit dem Einsatzbefehl, Eisenbahnlinien in Freiburg zu bombardieren. Startzeit 15.38 Uhr, Bombenlast pro Flugzeug 1 x 1,8 Tonnen, 5 x 450 Kilogramm und 7 x 225 Kilogramm. Kaum nennenswerte Flak, keine Meldungen über Suchscheinwerfer oder Jagdflugzeuge. Schwere und konzentrierte Bombardierung, die Stadt wurde verwüstet, 59 % der bebauten Fläche wurde zerstört, jedoch nur sehr wenige Bahnanlagen. Eine große Artilleriebaracke wurde zerstört und zahlreiche Bomben fielen auf den Flugplatz. PH-D vermutete, von einer Bombe getroffen worden zu sein und landete in Manston (Südostengland). Alle Flugzeuge aus Wickenby sind zurückgekehrt.

4 Lancaster mit dem Einsatzbefehl, Seeminen im Kattegat (Meeresgebiet zwischen Jütland (Dänemark) und der schwedischen Westküste) zu legen. Startzeit 15.38 Uhr. Auf Flak nördlich von Aalborg (Stadt in Nord-Dänemark) getroffen, keine Anzeichen von Jagdfliegern. Alle Minen wurden erfolgreich abgeworfen. Alle Flugzeuge aus Wickenby sind zurückgekehrt.

Nach vier Flügen ist es auch für Sergeant Godden der letzte Flug – nicht nur mit dieser Besatzung. Auch er scheint die 30 Einsätze geschafft zu haben.

Einsatz Nr. 22 - 29. November 1944
Dortmund (2.) – 5:15 h – ND342 – PH-U
Pilot: W/CMD M. Stockdale
Bordingenieur: Sgt. Stevenson W. N. RAF

Einsatzbericht RAF Wickenby :
34 Lancaster mit dem Einsatzbefehl, Dortmund zu bombardieren. Startzeit 11.56 Uhr, Bombenlast pro Flugzeug 6,3 Tonnen. Intensive und akkurate Flak über dem Zielgebiet, leichte Flak an der Frontlinie. Wenige störende Jagdflieger. Der führende Bomber hatte Probleme, das Ziel zu markieren. Dadurch unregelmäßig verteilte Leuchtbomben. Die Bombardierung erschien dadurch verstreut, das Schimmern einiger Brände konnte durch die Wolkenschicht wahrgenommen werden. 1 Flugzeug hat den Einsatz abgebrochen, 8 Flugzeuge wurden von Flak getroffen. NF967 PH-C ist abgestürzt, F/O RWJ Fennell, F/O DF Haste, Sgt C Ashley, F/Sgt A Reid, Sgt N Roe, Sgt K Farnden wurden getötet, F/Sgt LJ Sanderman geriet in Kriegsgefangenschaft.

Wing Commander Maurice Stockdale ist heute der Pilot von Reg Veitchs Besatzung. Erst kürzlich hat John mit ihm das Gespräch bezüglich der Beförderung geführt; er erwähnt dies in seinem Brief vom 24. November 1944. Als Bordingenieur fliegt heute William Stevenson das erste Mal mit. Den Unterlagen aus Wickenby zufolge befindet sich Reg heute nicht an Bord.

EIN DEUTSCHER NACHJÄGER STARTET IN BIBLIS

Nur wenige Minuten vor 19 Uhr meldet die deutsche Flugabwehr am 12. Dezember 1944 unter anderem Gustav Mohrs Einheit, dass sich ein großer Bomberstrom im Schatten der Dunkelheit dem deutschen Reich nähert. Währenddessen befindet sich Reg Veitchs Lancaster-Bomber bereits seit 2 ¾ Stunden in der Luft.

Auch für Gustav Mohr steht nun fest: Heute Abend steht der nächste Einsatz an. Wenig später startet er den Motor seiner Messerschmitt Bf 109 G-6. Auf den ersten Blick mag es verwundern, dass der deutsche Leutnant von so weit entfernt, aus Biblis, anfliegt. Allerdings dauert sein Flug ins Ruhrgebiet gerade einmal 20 Minuten – die fast 1.500 PS seines 12-Zylinder-Daimler-Benz-Motors machen das möglich. Gustav Mohrs verteidigt seine Heimat. Er kennt die katastrophalen Zerstörungen, die die alliierten Bomber in seinem Land hinterlassen haben – und zwar nicht nur aus der Luft, sondern auch vom Boden aus. Ein Ziel hat er mit den feindlichen Bomberbesatzungen gemein: den heutigen Einsatz zu überleben und sicher zurückzukehren.

Kurz darauf hebt das Flugzeug ab und steigt pfeilschnell in den Himmel auf. Welches Ziel der Feind dieses Mal im Visier hat – das steht noch nicht fest. Zu verwirrend war in den vergangenen 60 Minuten deren Kurs. Dementsprechend spät kommt der konkrete Einsatzbefehl an die deutschen Nachtjagdgeschwader: Sie werden im Ruhrgebiet benötigt. Die deutsche Unwissenheit ist gut für die alliierten Bomber – bis kurz vor dem Ziel stoßen sie so auf wenig Gegenwehr. Es ist 19.03 Uhr.

MESSERSCHMITT BF 109 G-6

Hersteller: Messerschmitt AG

Erstflug: 28. Mai 1935

Produktionszeit: 1936 bis 1945

Besatzung: 1 Mann

Länge: 8,95 m

Spannbreite: 9,97 m

Triebwerk: Daimler-Benz DB 605 A, 12 Zylinder Reihenmotor, 1.475 PS

Höchstgeschwindigkeit: 630 km/h in 6.600 m

Bewaffnung: zwei 13-mm-MG-131 (je 300 Schuss) über dem Motor, ein durch die Propellernabe feuerndes 20-mm-MG 151/20 (200 Schuss)

Messerschmitt Bf 109 – Foto: Thomas Boller, RAF Museum London

BRIEF VOM 1. DEZEMBER 1944

Die Mutter hat wissen wollen, ob John in die Kirche geht. Aber der Sonntag ist ein Tag wie jeder andere auf einer Bomberstation. Nur vier Mal war John, seitdem er Kanada verlassen hat, in der Kirche. Aber er liest hin und wieder in der Bibel. Weiter schreibt er, dass er in Kürze 22 von 30 Einsätzen hinter sich gebracht hat. *„Nur noch acht! Die meisten meiner Kameraden sind schon lange zuhause, aber besser später, als gar nicht."* Zwischenzeitlich hat er hinsichtlich der Beförderung mit „mehreren höheren Tieren" Interviews geführt. Nun lehnt er sich zurück und wartet.

Sonderbar: John will seinen 22. Einsatz noch vor sich haben. Zählt man alle seine bisherigen Flüge zusammen, dann hat er aber, als er den Brief schreibt, bereits 22 absolviert. Möglicherweise hat er den Brief zu einem früheren Zeitpunkt begonnen, dann unterbrochen, weil ihm der 22. Einsatz dazwischenkam.

Einsatz Nr. 23 - 3. Dezember 1944
Heimbach – 2:50 h – ND342 – PH-U
Pilot: F/O Veitch R. C. RNZAF

Einsatzbericht RAF Wickenby:
183 Lancaster, davon 26 aus Wickenby, mit dem Einsatzbefehl, die Urfttalsperre in Heimbach [Eifel] zu bombardieren. Startzeit 7.19 Uhr, Bombenlast pro Flugzeug 6,3 Tonnen. Der führende Bomber und die Pathfinder konnten das Ziel nicht identifizieren, so dass der Einsatz abgebrochen wurde. Alle Bomben wurden zurück zum Fliegerhorst [Wickenby] gebracht. Alle Flugzeuge aus Wickenby sind zurückgekehrt.

Was nur selten vorkommt: Die Bomben verbleiben im Flugzeug, so dass diese mit der gefährlichen Fracht auf dem Heimatflughafen landen müssen. Trotzdem wird der Einsatz für die Besatzungen gewertet.

DER LETZTE KURSWECHSEL VOR DEM ZIEL

Die Uhr zeigt mittlerweile 19.15 Uhr an. Auf dem Weg nach Essen ist eine Flugstrecke von 884 Kilometern zurückgelegt. Nun, kurz vor dem niederländischen

Eindhoven, steht der letzte Kurswechsel vor dem Ziel an. Danach geht es direkt in Richtung Essen. Geplante Ankunft: 19.36 Uhr.

BRIEF VOM 8. DEZEMBER 1944

Kaum noch ein Brief, in dem sich John nicht das Ende seiner Dienstzeit herbeiwünscht: „*Danach haben wir die Wahl, entweder nach Hause zu gehen, ausgemustert zu werden oder hierzubleiben und auszubilden. Ich schätze mal, ihr kennt meine Entscheidung schon. Bestimmt denkt ihr, dass es mir noch weithin vorkommt, bis ich fertig bin. Es kommt mir wie eine Ewigkeit vor, da die Kameraden, mit denen ich hier angekommen bin, schon lange fertig sind. Wie auch immer, mit nur noch sieben Einsätzen sind wir schneller durch, als wir es wahrhaben wollen. Und ob! Ihr wisst schon, wie ich das meine.*" Auch Pläne, wie es danach weitergeht, hegt er schon: „*Wenn wir durch sind, begleiten wir unseren Bombenschützen J. Kenworthy nach Newcastle, denn er heiratet dort. Wir werden auch unseren Navigator Harry Parry in Wales bei seiner Frau und den drei Kindern besuchen.*"

„*Ich schätze mal, ihr kennt meine Entscheidung schon*" – nach all seinen Aussagen ist klar, dass er weder weitere 30 Einsätze, „eine zweite Tour" fliegen, noch länger in England bleiben wird – er kann es nicht abwarten, zurück nach Kanada zu kommen. Übrigens spricht er in diesem Brief von sieben ausstehenden Flügen – somit stimmt die restliche Anzahl wieder.

BRIEF VOM 11. DEZEMBER 1944

Dieser Brief bleibt unvollendet. John hat ihn am 11. Dezember begonnen, dann unterbrochen. Am nächsten Tag, dem 12. Dezember 1944, ist ihm der 24. Einsatz dazwischengekommen.

„*Liebe Mama, lieber Papa, ich schreibe euch diesen Brief aus meiner Schlafkoje. Bitte entschuldigt, wenn er schwer zu lesen ist. Nur noch vierzehn Tage bis Weihnachten, sodass ihr diesen Brief in etwa zur gleichen Zeit erhalten werdet, wie letztes Jahr. Vor zwei Tagen habe ich einen Luftbrief von euch beiden und einen von Elinor vom 28. November erhalten. Elinor mag ihre Arbeit sehr gerne und ist in einem alten Haus, das umfunktioniert wurde, untergebracht.*
Ich erwarte heute euer Wertpaket vom 20. November mit den Slippern. Ich hoffe nur, ihr habt keine neuen gekauft. Wir werden Weihnachten hier auf der Station verbringen, was, wie ich gehörte habe, recht gut sein soll. Silvester werden wir vermutlich Urlaub haben,

wenn alles gut geht. Weihnachten bedienen uns die Offiziere, und wir vermutlich das Bodenpersonal. Um ein Haar hätte ich kürzlich Doug Tate getroffen. Er war tatsächlich nur zehn Meilen entfernt, doch als ich ihn anrief, war er schon weg."

ÜBER ESSEN

In Essen ist es 19.25 Uhr. Von nun an geht alles rasend schnell. Die ersten zweimotorigen britischen de Havilland Mosquitos treffen über der Stadt ein. Die sogenannten Pathfinder setzen Leuchtmarkierungen, die den nachfolgenden Bombern das Zielgebiet anzeigen. Kurz darauf, um 19.29 Uhr, befinden sich die ersten Lancaster über dem Ziel und lösen ihre tödliche Fracht aus. Pfeifend nähern sich die Bomben dem Boden.

Lancaster ND342 PH-U befindet sich nur noch wenige Kilometer vor Essen. An Bord sind alle hoch konzentriert – die Nerven sind gespannt wie Drahtseile. Neben den farbigen Leuchtmarkierungen sind aus 7000 Metern das Aufblitzen der detonierenden Bomben sowie das Flackern der ersten Brände erkennbar. Jack Kenworthy, der Bombenschütze, übernimmt jetzt das Kommando an Bord. Er lotst Reg Veitch zu den vorgegebenen Zielkoordinaten, den Krupp-Werken. Die Klappen des Bombenschachts werden geöffnet, wodurch sich der Luftwiderstand erhöht und dementsprechend die Fluggeschwindigkeit leicht sinkt. „LEFT, LEFT ...", befiehlt Kenworthy, und schließlich „Bombs gone" – „Bomben abgeworfen". Ein Ruck nach oben geht durch das schlagartig um 3.600 Kilogramm leichter gewordene Flugzeug. Jetzt heißt es: So schnell wie möglich und auf direktem Weg zurück nach Wickenby. Es ist 19.40 Uhr. 970 Kilometer Flug liegt hinter den Männern.

Die Menschen in Essen erleben am 12. Dezember 1944 den dreizehnten Großangriff auf die Stadt. Erst nach dem Krieg wird in britischen Unterlagen nachzulesen sein, dass 540 Flugzeuge beteiligt sind – 349 Lancaster, 163 Halifax und 28 Mosquitos. Jedes einzelne ist mit tonnenschwerer Bombenlast bestückt, 3.640 Männer am Himmel in den Flugzeugen. Egal, ob in Essen oder anderswo: Bis heute hat sich das Geräusch der sonor dröhnenden Motoren, es sind an diesem Abend 2.104 Stück, bei denjenigen, die die Bombennächte am Boden miterlebt haben, tief ins Gedächtnis eingebrannt. Ebenso das Heulen der Sirenen; erst für den Vor-, später für den Hauptalarm. Das öffentliche Leben kommt komplett zum Stillstand. Ein Großteil der Menschen verharrt in den Luftschutzkellern, hockt in den Bunkern und wartet, zur Untätigkeit verdammt, auf das, was gleich – im wahrsten Sinne des Wortes – von oben auf sie zukommt.

Die zerstörten Krupp-Werke – Foto: Bundesarchiv

Dann geht es los: Zwischen 19.29 Uhr und 20.00 Uhr gehen 57 Luftminen, 4.000 Sprengbomben (von denen 507 Blindgänger sind), 60.000 Stabbrand- und 5.000 Phosphorbomben auf eine große Fläche rund um die Krupp-Werke nieder.[10]

Überall kommt es zu heftigen Detonationen, Bränden, zerborstenen Gas- und Wasserleitungen. Trotz massiver Betonwände vibriert es in den Bunkern, in den Luftschutzkellern kommt der Putz von den Wänden und Decken. Ganze Häuserzeilen werden dem Erdboden gleich gemacht – und begraben Menschen in den Schutzräumen unter sich. Die durch die Detonationen der Bomben ausgelösten Druckwellen zerstören nicht nur Gebäude und Gegenstände – sie zerreißen bei vielen Menschen die Lungen.

Die Annahme, dass die Flugzeuge die Bomben punktgenau auf die Krupp-Werke abwerfen, ist illusorisch – aber eben das sehen das Flächenbombardement und das „Moral Bombing" ja auch nicht vor. Eine Ortungstechnik, die sich noch im Anfangsstadium befindet, fehlerhafte Navigation, durch Windverwehung abgedriftete oder ungenau gesetzte Zielmarkierungen (im Volksmund als „Christbäume" bekannt) führen immer wieder dazu, dass die Sprengkörper breit gestreut niedergehen – zum Teil völlig abseits des eigentlichen Ziels.

Und so trifft es genau diejenigen, die getroffen werden sollen: die Menschen im dicht bebauten Ruhrgebiet, deren Wohngebiete sich in unmittelbarer Nähe zu den Industrieanlagen befinden.

DER NACHTJÄGER TRIFFT AUF DEN BOMBER

Auch der deutsche Flieger Leutnant Gustav Mohr hat Essen zwischenzeitlich erreicht. Vor ein paar Sekunden hat Jack Kenworthy die Bomben abgeworfen. Genau in diesem Augenblick gelingt es dem Jagdflieger, sich im Schutz der Dunkelheit an das große Flugzeug heranzupirschen und es ins Visier zu nehmen. Der erfahrene Pilot des Nachtjägers kennt den großen Nachteil, den die meisten britischen Bomber aufweisen: den fehlenden Waffenstand unterhalb des Rumpfes. Dadurch ist sein Flugzeug, von unten und hinten kommend, für die Bomberbesatzung kaum zu entdecken. Hinzu kommt, dass es sich mit deutlich höherer Geschwindigkeit, immerhin mehrere hundert Kilometer pro Stunde, dem Bomber nähert. Aus dieser Position bieten die Tanks in den Tragflächen eine entsprechend große Angriffsfläche. Der Leutnant drückt auf den Auslöser und unmittelbar danach feuern die Bordkanonen der Bf 109 G ihre 30-mm-Munition ab – und treffen.

Tatsächlich: Für die Bomberbesatzung kommt der Angriff völlig unerwartet. Dem deutschen Piloten ist schnell klar: Den 4-Mot, so der Jargon für „viermotorigen Bomber", hat er voll erwischt. Die brennende linke Tragfläche ist ihm Indiz genug. Für Leutnant Mohr gibt es hier nichts mehr zu tun, er lässt zügig von dem getroffenen Bomber ab.

Von der verzweifelten Situation an Bord des Bombers ahnt der Jagdflieger allenfalls etwas. Hier herrscht kurzzeitig ein wildes Durcheinander. Der ansonsten sehr disziplinierte Bordsprechfunkverkehr wird jetzt von aufgeregten Fragen und Hinweisen beherrscht. Jeder hat gemerkt, dass das Flugzeug schwer getroffen ist und brennt. Doch auch bei Leutnant Mohr kommt es anders als geplant.

Kurz nach 20 Uhr sind es in Essen wieder die Sirenen, die gespenstisch aufheulen. Dieses Mal signalisieren sie „Entwarnung". Denjenigen, die den Angriff überlebt haben, bietet sich nach dem Verlassen der Schutzräume und Bunker eine völlig veränderte Umgebung – und das trotz der vielen vorherigen Bombardierungen der Stadt. Dort, wo eben noch Häuser standen, steht kein Stein mehr auf dem anderen. Überall lodernde Brände, Trümmer, Verletzte und Tote. Fragen wie „Leben unsere Familien und Freunde noch?" oder „Wie sieht es zu Hause aus?" quälen sie. Die Antworten folgen wenig später – oder erst nach Tagen und Wochen. Nicht wenige stehen in diesem Moment völlig alleine und mittellos da. Sie besitzen neben ihrem Leben nur noch das, was sie am Leibe tragen.

Über 463 Menschen finden an diesem Abend in Essen den Tod. 196 werden verwundet und 40 vermisst. 696 zerstörte Häuser werden verzeichnet, weitere 1.370 sind schwer beschädigt.

Ausschnitt des Gräberfelds der am 12. Dezember 1944 gestorbenen Opfer des Bombenangriffs auf dem Essener Südfriedhof – Foto: Thomas Boller

Zu den vielen Menschen, die in den Trümmern ihrer Häuser ums Leben kommen, zählen 99 sowjetische Bergbau-Zwangsarbeiter und ein deutscher Unteroffizier. Sie haben in der ehemaligen Zeche Graf Beust in der Gerlingstraße arbeiten müssen. In dem nur wenige Meter entfernten sicheren Bunker dürfen sie keine Zuflucht suchen. Stattdessen drängen sie in einen selbstbauten provisorischen Luftschutzstollen. Sechs Volltreffer lassen ihn teilweise einstürzen und verschütten die Eingänge. Nur der Unteroffizier wird später geborgen. Heute erinnert und mahnt an dieser Stelle eine Kriegsgräberstätte. [11]

Kriegsgräberstätte Graf Beust – Foto: Thomas Boller

Woanders verlieren 87 zumeist politisch Gefangene ihr Leben. Sie dürfen ihre Gefängniszellen während der Bombardierung nicht verlassen. Aber auch das eigentliche Ziel, die Krupp-Werke, wird massiv beschädigt. Darüber hinaus einige weitere, umliegende Fabriken.

Die von der NSDAP herausgegebene „National-Zeitung" schreibt am 15. Dezember 1944 einen kurzen Artikel über den Angriff auf vom 12. Dezember 1944:

„Überfall britisch-US-amerikanischer Luftgangster

[…] Die Bevölkerung erlitt wiederum Verluste. Heimstätten wurden zerstört. Die erste Sorge galt der Bergung der Verschütteten. Sowohl die organisierte Hilfe als auch die spontane, freiwillige Nachbarhilfe ließen sich durch weitere Störungen aus der Luft und durch die gefahrvolle Nähe von Zeitzündern nicht in ihrem Rettungswerk beirren. Ihrer Pflichterfüllung und ihrem Kameradschaftsgeist danken viele Volksgenossen die Befreiung aus schwerer Lebensnot. Das Leben in unserer Stadt ist nun um weitere Grade enger und schwieriger geworden."

Am 20. Dezember, einen Tag nach der Beerdigung der Toten auf dem Südwestfriedhof, schreibt dasselbe Blatt in verklärendem Jargon: *„Der frühe Nachmittag des gestrigen Tages gehörte dem Gedenken der Toten, die der letzte Terrorangriff von der Bevölkerung unserer Stadt forderte. Wieder standen vor der anklagenden Silhouette des beschädigten Ehrenmals die schlichten, mit Grün geschmückten Särge, Zeugen für die Kampfmethode des Feindes, der nicht nur unsere Weltanschauung, sondern unser ganzes Volk haßt und zu vernichten versucht …*

Stellvertretend für alle Bürger der Stadt sprach Oberbürgermeister Dillgardt Worte für die Männer, die bei der Erfüllung ihrer Pflicht gefallen seien […]. Er gedachte der Frauen und Kinder, die gegen jedes Gesetzt der Moral getötet würden, und mahnte uns Lebenden die Pflicht, alles daran zu setzen, daß der Feind nicht Gewalt über unseren Heimatboden gewinne.

Kreisleiter Hanacher betonte die Verpflichtung, die das Opfer der Toten für uns bedeute. Große Not sei über unsere Stadt gekommen, größer würde jedoch die Not sein, wenn wir um Widerstand erlahmten. Dann würden die schweren Opfer umsonst gebracht sein."

Später, ab 21:40 Uhr, sieht Doug Tate in Wickenby einen Lancaster-Bomber nach dem anderen zurückkehren. Um 22:21 Uhr landet der letzte. Dann kehrt Ruhe auf dem Flugplatz ein. Aber wo bleiben John und dessen Besatzung? Sind sie vielleicht in Schwierigkeiten geraten mit Motorproblemen? Oder irgendwelchen anderen technischen Defekten?

Irgendwann ist auch die maximal berechnete Flugzeit überschritten. Jetzt ist der Treibstoff definitiv aufgebraucht. Aber es bleibt immer noch die Hoffnung, dass der Lancaster-Bomber auf einem anderen Flugplatz ausgewichen ist. Dann wird man kurzfristig von ihnen hören. Natürlich denkt Doug Tate auch an das Schlimmste – erst recht, als ihm wenig später ein Pilot von besorgniserregenden Beobachtungen berichtet.

Schlussendlich kehren heute Abend von den insgesamt 540 beteiligten Flugzeugen sechs Bomber nicht zu ihren Flugplätzen in England zurück. Nüchtern klingen die Zahlen: Ausfallrate Wickenby:
3,23 %, Gesamtausfallrate aller beteiligten Flugzeuge: 1,11 %. Sind sie alle abgestürzt? Oder anderswo gelandet? Für eine verbindliche Aussage ist es noch zu früh. 42 Plätze bleiben am folgenden Morgen in den Speisesälen der britischen Flugplätze leer – sieben in Wickenby.

Einsatz Nr. 24 – 12. Dezember 1944
Essen – ND342 – PH-U

Einsatzbericht RAF Wickenby:
31 Lancaster mit dem Einsatzbefehl, Essen zu bombardieren. Startzeit um 16.01 Uhr, Bombenlast pro Flugzeug 1 x 1,8 Tonnen und 16 x 225 Kilogramm. Leichter bis mäßiger Flak-Beschuss zwischen 4.500 und 6.700 Meter, etwas Jägeraktivität. 2 Flugzeuge brachen den Einsatz ab, 1 Flugzeug wurde von Flak getroffen, 1 Flugzeug wurde von einer Ladung ‚Window' [Stanniolstreifen, die zur Täuschung des gegnerischen Radars dienen] getroffen.

KONTROVERSE ÜBER DIE FLÄCHENBOMBARDEMENTS

Arthur Harris' Strategie des Flächenbombardements wird bereits während des Krieges in Großbritannien kontrovers diskutiert. Immer mehr Zweifel an dieser Taktik kommen auf. Die Bomberbesatzungen werden extremen Gefahren ausgesetzt, dafür sprechen die hohen eigenen Verluste. Wird Arthur Harris anfangs noch von der eigenen Bevölkerung „Bomber Harris" genannt, wandelt sich dies in „Butcher Harris", also „Schlächter".

In seinen Memoiren schreibt Harris: *„Trotz all dem, was in Hamburg geschehen ist, bleibt das Bomben eine relativ humane Methode"*[12]. In der Theorie soll das Bombardieren von Städten und Industrieanlagen ein schnelles Ende des Krieges herbeiführen – und so weitere Materialschlachten, Stellungskriege und damit verbundene Opfer verhindern. In der Praxis hat sich allerdings das Gegenteil gezeigt. Der Bombenkrieg zieht sich zeitlich immer weiter in die Länge, immer mehr Städte werden zerstört, immer mehr Menschen kommen ums Leben. Doch selbst als in der deutschen Bevölkerung immer offensichtlicher wird, dass die Verteidigung des eigenen Landes durch die Wehrmacht bzw. die deutsche Luftwaffe immer desolater wird, findet eins nicht statt: die von den Briten erhoffte Demoralisierung. Gerade diejenigen, die alles verloren haben, sind umso mehr auf staatliche Hilfe angewiesen – es kommt zum Teil sogar zur Solidarisierung mit dem Regime. Auch wenn die die abgeworfenen Bomben massive Schäden in der Infrastruktur und den Industriebetrieben anrichten: Diese können anfangs häufig binnen weniger Tage oder Wochen wieder instandgesetzt werden.

Nach dem Kriegsende liegen die meisten deutschen Städte in Schutt und Asche. Nun wird rückblickend erst recht das Flächenbombardement als zielführende Strategie von den Alliierten in Zweifel gezogen. Die große Anzahl an zivilen Opfern steht dabei weniger im Fokus; vielmehr ist es die immense Zerstörung – und die damit verbundenen gewaltigen Kosten, die die Wiederherstellung der Infrastruktur für die alliierten Besatzungszonen verschlingen werden.

Heute, d. h. mit der Neuregelung in den Genfer Konventionen von 1949 und speziell durch Artikel 51 des Zusatzprotokolls I von 1977, gelten nicht spezifizierte Flächenbombardements unter anderem als Kriegsverbrechen, wenn:

a) ein Angriff durch Bombardierung – gleichviel mit welchen Methoden oder Mitteln – bei dem mehrere deutlich voneinander getrennte militärische Einzelziele in einer Stadt, einem Dorf oder einem sonstigen Gebiet, in dem Zivilpersonen oder zivile Objekte ähnlich stark konzentriert sind, wie ein einziges militärisches Ziel behandelt werden,
und

b) ein Angriff, bei dem damit zu rechnen ist, dass er auch Verluste an Menschenleben unter der Zivilbevölkerung, die Verwundung von Zivilpersonen, die Beschädigung ziviler Objekte oder mehrere derartige Folgen zusammen verursacht, die in keinem Verhältnis zum erwarteten konkreten und unmittelbaren militärischen Vorteil stehen.

66 JAHRE SPÄTER

Forstbedienstete des Düsseldorfer Wildparks finden Anfang 2010 ein stark verwittertes Metallstück und präsentieren dieses einer Gruppe ehrenamtlicher Archäologen. Seit einigen Jahren untersuchen diese unter anderem Orte, an denen während des Zweiten Weltkriegs rund um Düsseldorf Flugzeuge abgestürzt sind. Wahrscheinlich hätten Laien den Fund lediglich als „Metallschrott" identifiziert.

Einen kleinen Tipp können die Forstbediensteten geben: Die Älteren unter ihnen wissen von längst verstorbenen Kollegen, dass während des Krieges hier ein Flugzeug abgestürzt ist. Noch in den 1960er-Jahren finden sie hin und wieder kleine Trümmerteile innerhalb der Gehege. Sollte hier tatsächlich ein Flugzeug abgestürzt sein, deutet darauf heute nichts mehr hin. Den Archäologen ist darüber zunächst auch nichts bekannt. Aber die Vermutung bestätigt sich: Es handelt sich um das Wrackteil eines Flugzeugs. Form und Beschaffenheit, die Farbreste und Nieten sind ein Indiz dafür.

Der im Jahr 1927 angelegte Wildpark in Düsseldorf befindet sich im Osten der Landeshauptstadt, im Grafenberger Wald. Mit einer Vielzahl von zum Teil freilaufenden Tieren und einer Waldschule ist der Park seitdem ein beliebter Anziehungspunkt für Jung und Alt.

Das von den Forstmitarbeitern gefundene Metallstück (ca. 18 cm breit) – Foto: Thomas Boller

SPURENSUCHE IM WILDPARK

Im März 2010 beginnen hier – abgestimmt mit dem Rheinischen Amt für Bodendenkmalpflege in Overath und dem Forstamt der Stadt Düsseldorf – intensive Untersuchungen. Aber welche Spuren sollen nach so langer Zeit von einem Flugzeug erhalten sein? Mit großen Wrackteilen, etwa Tragflächen, Motoren oder gar dem Rumpf, darf nicht gerechnet werden. Abgestürzte alliierte Flugzeuge sind im Krieg wichtige Untersuchungsobjekte und wurden von deutschen Experten genauestens

Ausgrabung von Wrackteilen – Foto: Thomas Boller

begutachtet, Bergungstrupps sammelten die meisten Trümmerteile ein und transportierten diese ab. Aluminium, Stahl und Kupfer wurden dringend als Rohmaterial benötigt.

Zurück blieben lediglich kleine Metall- oder Plexiglasfragmente und nur wenige größere Wrackteile – und genau diese finden die Archäologen.

Weit über Hundert Einzelfundstücke werden zu Tage gefördert. Nur wenige liegen direkt an der Oberfläche – es sei denn, das Wild hat sie nach oben gewühlt.

Jörg Hierstetter (links) und Jürgen Schulz bei der Suche nach Wrackteilen im Wildschweingehege – Foto: Thomas Boller

Das wichtigste Hilfsmittel ist, neben guten Augen und einem trainierten Blick, der Metalldetektor. Metallische Gegenstände können so bis in eine Tiefe von zirka 80 Zentimetern aufgespürt werden. Schlägt das Gerät an, wird an dieser Stelle mit einem kleinen Spaten gegraben – vorsichtig, denn es muss immer mit Munitionsresten gerechnet werden. Besteht beim Ausgraben eines Gegenstandes der geringste Zweifel, müssen sofort die Polizei oder Feuerwehr informiert werden, die wiederum den Kampfmittelbeseitigungsdienst benachrichtigen. Auch nach so langer Zeit ist die Gefahr viel zu groß, dass Munition oder Bomben ihre zerstörerische Wirkung voll entfalten.

Übersicht einiger Fundteile – Foto: Thomas Boller

Beachtlich ist die Ausdehnung der durchsuchten Fläche, ein Oval von 650 mal 100 Metern. Dabei werden zwei wesentliche Fundkonzentrationen festgestellt: das teils hügelige und bewaldete Wildschwein- sowie das flache Rotwildgehege. Letzteres befindet sich in unmittelbarer Nähe zum romantisch klingenden „Lindenplätzchen". Die letzte Begehung findet im Juli 2014 statt. Mit weiteren unentdeckten Wrackteilen ist nicht mehr zu rechnen.

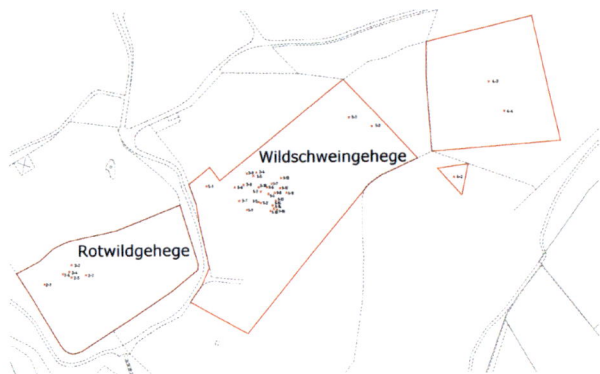

Positionen der Funde – Grafik: mit freundlicher Unterstützung der Stadtwerke Düsseldorf

Aus archäologischer Sicht ist die Lage der Fundteile zueinander bedeutsam. Eine weitflächige Fundstreuung kann darauf hindeuten, dass das Flugzeug in großer Höhe explodiert ist. Hingegen kann aus einer konzentrierten Fundstelle geschlossen werden, dass es nahezu komplett aufgeprallt ist. Und genau das scheint im Wildpark der Fall zu sein.

Schwierig gestaltet sich meist die Bestimmung der Wrackstücke. Besonders wenn diese stark deformiert, verbrannt, verrottet oder nur noch in kleinen Fragmenten erhalten sind. Dagegen sind Fundstücke mit eingestanzten Bauteilnummern äußerst hilfreich, denn hierzu geben Fachliteratur, Listen und Zeichnungen detaillierte Auskünfte über den Flugzeugtyp und den sogenannten Verbauort: Rumpf, Motor, Tragfläche, elektrische oder hydraulische Ausrüstung. So weist ein gefundenes Wrackteil unter anderem eine Krone und die Buchstaben „A. M." auf – ein Hinweis auf ein britisches Flugzeug, denn „A. M." steht für „Air Ministry", also Luftfahrtministerium. Ein weiteres enthält die Bezeichnung „R3".

Verschluss einer Motorabdeckung mit Einstanzung der Teilenummer - Foto: Thomas Boller

Somit ist klar, dass das Fundstück zu einem britischen Avro-Lancaster-Bomber gehört – „R3" ist eine Codierung für dieses Flugzeugmuster.

Einer der Motoren-Feuerlöscher. Mit einer Länge von ca. 45 cm ist er das größte Fundstück –
Foto: Thomas Boller

In der Nähe des Lindenplätzchens liegen, knapp unter der Bodenoberfläche, geschmolzene Aluminiumteile. Die Vermutung liegt nahe, dass es hier einen starken Brand gegeben hat. Ob dieser erst beim Aufprall oder bereits in der Luft entstanden ist, kann ohne weitere Informationen nicht geklärt werden.

Etwa 150 Meter weiter östlich, unmittelbar an das Wildschweingehege angrenzend, wird eine kleine Vertiefung entdeckt. Dort kann ein gut erhaltener Feuerlöscher aus Messing geborgen werden. Es handelt sich um einen jener Feuerlöscher,

Typenschild eines Motoranlassers –
Foto: Thomas Boller

mit denen jeder der vier Motoren ausgestattet war. Löschmittel befindet sich nach so vielen Jahren nicht mehr im Inneren, es kann sich im Laufe der Zeit verflüchtigt haben. Möglicherweise hat der Pilot mit einem Schalter im Cockpit den Feuerlöscher manuell aktiviert.

Neben dem Feuerlöscher kommt das Typenschild eines Motoranlassers zum Vorschein.

ENGINE STARTER
_S DWG NO   VOLTS
OF THE FOLLOWING US PATENTS
82971, 1709027, 171491, 172_3
55327, 17609 88, 1777172, 178419
0_05, 2156603 OTHER PATS. PENDING
AVIATION
AVIATION CORPORATION
MADE IN USA

Auf der Internetseite des amerikanischen Patentamts findet sich tatsächlich eine Zeichnung zu diesem Anlasser[13] :
Die Vermutung liegt nahe, dass hier einer der Motoren gelegen hat. Für Verwirrung sorgt zunächst die Bezeichnung „Made in USA". Ein amerikanischer Anlasser in einem britischen Flugzeug? Wie passt das zusammen?

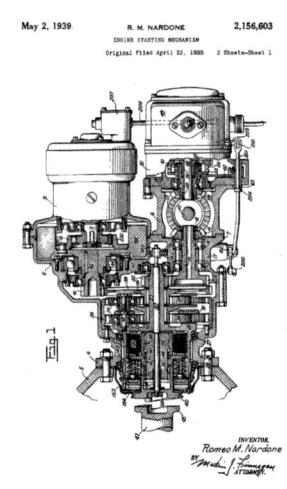

Technische Zeichnung Motoranlasser –
Quelle: United States Patent and Trademark Office

DÜSTERE NACHRICHTEN

Zurück nach Wickenby. Drei Tage später, am 15. Dezember 1944, gibt es hier noch immer keine Neuigkeiten von der Besatzung des verschollenen Lancaster-Bombers. Dass das Flugzeug auf keinem der britischen Flugplätze in der Umgebung gelandet ist, steht fest. Aber da gibt es jene Beobachtung des Piloten, der hinter Reg Veitch geflogen ist. Schließlich werden die Familien der sieben Besatzungsmitglieder von der Royal Air Force, der Royal Canadian Air Force und der Royal New Zealand Air Force informiert.

Erneut erhalten Johns Eltern ein Telegramm mit der einleitenden Floskel „BEDAUERN IHNEN MITTEILEN ZU MÜSSEN DASS IHR SOHN...". Das ist bereits das zweite Mal in diesem Jahr. Doch der Inhalt diese Mitteilung ist weitaus beunruhigender:
RCAF OTTAWA ONT DEC 15-44-141 AM
MISTER J R PATTERSON.,
378 THIRD AVE OTTAWA ONT.
M9509 BEDAUERN MITZUTEILEN DASS IHR SOHN R ZWEI NULL VIER VIER DREI FÜNF FLIGHT SERGEANT JOHN RICHARD PATTERSON NACH EINER LUFTOPERATION IN ÜBERSEE AM ZWÖLFTEN DEZEMBER ALS VERMISST GEMELDET WIRD STOP BRIEF FOLGT. RCAF CASUALITIES OFFIZIER

Die Telegramme an die anderen Angehörigen der Besatzung unterscheiden sich lediglich um die Erkennungsnummer, Rang und Namen.

„Brief folgt" – tatsächlich verfasst Wing Commander Maurice Stockdale noch am selben Tag ein ausführlicheres Schreiben. Es enthält grobe Details, ein wenig Hoffnung sowie einige persönliche Zeilen. *„Er war der Heckschütze eines Lancaster-Bombers, der am späten Nachmittag zu einem Einsatz gegen den Feind startete und unglücklicherweise nicht zurückkam."* Der folgende Satz wird noch düsterer: *„Es besteht immer eine geringe Wahrscheinlichkeit, dass die Besatzung mit dem Leben davon gekommen ist und nun Kriegsgefangene sind. Damit möchte ich Ihnen, und dafür bitte ich um Ihr Verständnis, keine große Hoffnung machen, die sich im Nachhinein als unbegründet herausstellt."*

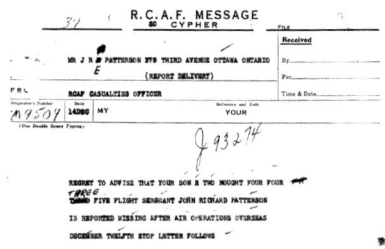

Telegramm der Royal Canadian Air Force, dass John nach einem Einsatz als vermisst gilt

Trotzdem wird diese Hoffnung als Strohhalm angesehen, an den man sich klammert. Und auch die folgende Mitteilung zeigt den Eltern, dass mit einer kurzfristigen Rückkehr nicht gerechnet wird: *„Die persönlichen Gegenstände Ihres Sohnes werden an das zentrale R.A.F. Depot für persönliche Hinterlassenschaften in Colnbrook, Slough, Buckinghamshire, England, versendet. Weitere Informationen in dieser Angelegenheit erhalten Sie vom Nachlassverwalter in Ottawa."* Es folgen ein paar individuelle Zeilen: *„Ich bin persönlich mit dieser Besatzung geflogen und möchte an dieser Stelle meine Anerkennung für deren exzellente Zusammenarbeit und Kameradschaft ausdrücken. Ich erachte es als ein Zeichen der Ehre, mit einer solch tüchtigen Besatzung mitgeflogen zu sein und Sie haben allen Grund, stolz auf Ihren Sohn zu sein. Diese Besatzung werden wir auf unserem Flugplatz sehr vermissen, die Offiziere, Mannschaft und ich sprechen Ihnen unser Beileid aus."*

Hochachtungsvoll,
M. STOCKDALE
Wing Commander (Oberstleutnant), Kommandant,
12. Staffel, R.A.F. Wickenby.

Tatsächlich sitzt Wing Commander Stockdale am 29. November, also gerade einmal zwei Wochen zuvor, beim Einsatz auf Dortmund persönlich am Steuer. Es ist sogar dasselbe Flugzeug, das nun vermisst wird – Lancaster ND342 mit der Kennung PH-U. Fünf Tage vor diesem Flug, am 24. November, hat John das Gespräch mit Stockdale, in dem es um seine Beförderung geht. Das erwähnt John am selben Tag in einem Brief an seine Eltern. Vermutlich hat sich Stockdale damals auch mit den anderen Besatzungsmitgliedern unterhalten und sich daraufhin am 29. November

einen persönlichen Eindruck über die Zusammenarbeit an Bord gemacht.
Wenig später folgt ein weiterer Brief, dieses Mal von der Royal Canadian Air Force. In diesem erfahren die Eltern, dass der Einsatz der Stadt Essen galt. Im Gegensatz zum kürzlich von Stockdale erhaltenen Schreiben definiert der Offizier für Opferangelegenheiten den Begriff „vermisst" etwas hoffnungsvoller, denn dieser sei *„nicht gleichbedeutend mit getötet oder verwundet; vielmehr ist uns gegenwärtig sein Aufenthaltsort nicht bekannt. Es ist möglich, dass er auf feindlichem Gebiet landen konnte und sich in Kriegsgefangenschaft befindet. Sollten Sie eine Karte oder einen Brief von ihm erhalten, leiten Sie diesen bitte an den Royal Canadian Air Force Casualities Offizier im Luftwaffenhauptquartier in Ottawa weiter. Nachforschungen werden durch das Internationale Rote Kreuz und alle anderen zuständigen Organisationen durchgeführt. Ich versichere Ihnen, dass wir Ihnen jeweilige Informationen sofort zukommen lassen werden."*

Weiter heißt es: *„In den nächsten fünf Wochen wird der Name Ihres Sohnes nicht auf den offiziellen Opferlisten verzeichnet werden. Gerne dürfen Sie in der Presse oder im Radio verkünden, dass Ihr Sohn als vermisst gemeldet wurde. Nicht bekannt gegeben werden dürfen das Datum, der Ort sowie seine Einheit."*

Flight Officer F. A. Wilson erhält am 18. Dezember 1944 eine Aufgabe, vor der es allen auf dem Flugplatz in Wickenby graut: Er ist derjenige, der eine Auflistung von John Pattersons Habseligkeiten erstellen muss, denn diese werden an das bereits erwähnt zentrale Depot der kleinen Stadt Colnbrook, westlich von London, gesendet. Jeden einzelnen persönlichen Gegenstand, den John neben seinem Bett, in seinen Koffern, Seesäcken oder dem Spind gelagert hat, muss Wilson auflisten. Erst wenn Johns Schicksal eindeutig geklärt ist, wird ihm oder seinen Eltern alles wieder ausgehändigt. Wann das sein wird – das ist am 18. Dezember noch völlig unklar.

Johns Vater antwortet der Royal Air Force in Wickenby am 29. Dezember 1944. Gibt es schon Neuigkeiten? Was hat sich überhaupt zugetragen? Eine Rückmeldung erhält er am 11. Januar 1945: *„Da keine weiteren Informationen zu mir durchgedrungen sind, tut es mir sehr leid, Ihnen keine Neuigkeiten mitteilen zu können. Anderseits ist es auch noch ziemlich früh, denn normalerweise kann es zehn bis zwölf Wochen dauern, bis wir Informationen über vermisste Besatzungsmitglieder erhalten. Bei der Frage, warum das Flugzeug in Schwierigkeiten gekommen ist, kann ich Ihnen nicht weiterhelfen. Sicherlich haben Sie dafür Verständnis, dass das ohne genauere Details nicht möglich ist."*

Wäre es in dieser ungewissen Situation hilfreich und vielleicht auch tröstend, sich mit den Eltern oder Ehefrauen der anderen Betroffenen in Verbindung zu setzen und sich auszutauschen? Hier macht es die Royal Air Force in Wickenby den

Angehörigen nicht leicht – aus Sicherheitsgründen, wie es heißt. Zwar werden alle Besatzungsmitglieder namentlich genannt und sogar deren Erkennungsnummern weitergegeben – um an die Adressen zu gelangen, muss man sich erst an die zuständigen Stellen bei den einzelnen Air Forces in Großbritannien, Kanada oder Neuseeland wenden. Das ist umständlich und kostet weitere Zeit. Lediglich die Royal Canadian Air Force leitet den Pattersons die Adresse des anderen Kanadiers weiter: *„Dessen nächste Angehörige ist seine Ehefrau, Frau B. E. W. Hall. Ihre Adresse lautet 5 Springdale Blvd., Toronto, Ontario."*

In Neuseeland erhält Reg Veitchs Mutter im Januar einen ersten privaten Brief. Die vorherigen sind von der Royal Air Force oder der Royal New Zealand Air Force und haben daher amtlichen Charakter. So schreibt kurz nach Weihnachten 1944 ein junges Mädchen namens Audrey Chapman aus Wickenby. Wahrscheinlich kennt Frau Veitch die Briefschreiberin gar nicht:

„Liebe Frau Veitch,

Zunächst möchte ich mich vorstellen, ich heiße Audrey und arbeite im Büro des Offizierskasinos und gehörte zu Regs besten Freunden. Ich wollte Ihnen schon seit einer Ewigkeit schreiben, hatte aber ziemliche Angst davor. Dann tauchte auf einem Schreibtisch sein Foto auf und ich hörte ihn innerlich sagen, dass ich keine Angst haben bräuchte. Nun also.

Da ist so vieles, was ich Ihnen schreiben könnte. Obwohl ich Sie nur von einem Foto kenne, möchte ich Ihnen mitteilen, dass alle hier auf dem Flugplatz voller Zuversicht sind. Diejenigen, die bei dem Einsatz dabei waren, sagen, dass er wahrscheinlich abgesprungen sei und nun zu Fuß zurückkommt." Audrey fügt tröstend hinzu, dass einige Besatzungsmitglieder, die seit fast einem Jahr als vermisst gelten, jetzt erst zurückgekehrt seien. *„Ich bete jeden Tag, dass er in Sicherheit ist und ich bin mir sicher, dass Sie das genauso tun – es muss einfach gut ausgehen. Wir sind jeden Abend mit dem Rad ausgefahren und häufig war auch seine Besatzung dabei – das waren zweifellos großartige Jungs und hier vor Ort die beliebteste Besatzung. Wie Sie sehen, drückt hier jeder die Daumen. Ich hoffe, Sie hatten ein schönes Weihnachtsfest. Wir hatten hier schrecklich viel zu tun. Damit die Jungs kein Heimweh bekamen, haben wir es aber trotzdem geschafft, einige Tanzveranstaltungen und Partys hinzubekommen."* Audrey beendet den Brief: *„Sollte ich irgendetwas für Sie tun können, dann ist mir nichts zu viel für Sie."*

> 2031451, LACW Chapman a
> Officers Mess, Red.
> R.A.F. Station
> Wickenby, Lincs
> England 28/1/44
>
> Dear Mrs Veitch,
> First of all I had better introduce myself, I'm Audrey & I work in the office at the Officers Mess, & was one of Reg's best friends. I've been wanting to write to you for ages but was feeling rather scared, but I've got his photograph propped up on the desk & I can just imagine him telling me never to be scared of anything, so here goes.
> There is so much I could write if I knew you – I have only seen your photograph, but I do want to tell you how terribly hopeful everyone on the station is feeling, all the others on the same operation say he has probably baled out & is now walking back, some of them have, you know, even as far back as last January. I pray every day that he is safe & I'm sure you do too – so it just must come true. Anyway the moment I hear anything I will let you know immediately. Mummy & Daddy are looking forward to him spending a leave at home – even if he sleeps all the time.
> We used to go out for a ride every evening, & often his crew would come – they certainly were a grand lot of boys & the most popular crew here, – so you see everyone has their fingers crossed.
> I do hope you had a nice Xmas, we have been terribly busy here but have managed to get a lot of dances & parties in to stop the boys feeling homesick.
> Please write to me if you are not too busy, & if ever there is anything you want me to do it will never be too much bother.
> Yours very sincerely
> Audrey Chapman

Brief von Audrey Chapman an Reg Veitchs Mutter – Foto: Robin Veitch

Herr J R A PATTERSON
378 THIRD AVENUE OTTAWA ONT

M9901 BEDAUERN IHNEN MITTEILEN ZU MÜSSEN DASS DAS INTERNATIONALE ROTE KREUZ DEUTSCHE INFORMATIONEN ZITIERT DIE AUSSAGEN IHR SOHN FLIGHT SERGEANT JOHN RICHARD PATTERSON IST UMS LEBEN GEKOMMEN ABER KEINE WEITEREN EINZELHEITEN STOP BIS AUF WEITERE BESTÄTIGUNG WIRD IHR SOHN ALS VERMISST VERMUTLICH GEFALLEN GELISTET STOP BITTE NEHMEN SIE MEINE AUFRICHTIGE ANTEILNAHME EINTGEGEN STOP BRIEF FOLGT RCAF CASULTIES OFFICER

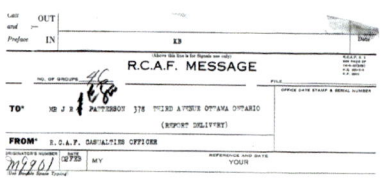

Das Telegramm über John Pattersons Todesnachricht

Der besagte Brief folgt unmittelbar. In diesem teilt ein weiterer Offizier für Opferangelegenheiten mit, dass eine Information des Internationalen Roten Kreuzes eingegangen sei. *„Der Bericht zitiert Informationen der Deutschen, in denen angegeben wird, dass Ihr Sohn ums Leben gekommen ist. Weitere Einzelheiten enthält dieser nicht. Das Internationale Rote Kreuz unternimmt alles, um den Ort der Grabstätte Ihres Sohnes ausfindig zu machen."*

Auch wenn Johns Status weiterhin „vermisst, vermutlich gefallen" lautet und der Zusatz „Dies gilt so lange, bis weitere Beweise vorliegen und kein Zweifel mehr daran besteht, dass Ihr Sohn ums Leben gekommen ist.": Der Strohhalm, an dem sich die Eltern hoffnungsvoll festgehalten haben, ist nach anderthalb Monaten der Ungewissheit geknickt.

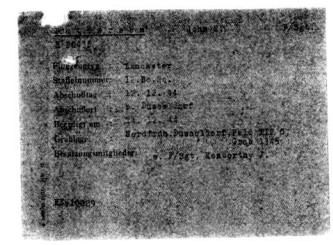

Deutsche Todesliste – Quelle: Royal Canadian Archives

Noch am selben Tag schreibt Frau Patterson einen Brief an Frau Veitch in Neuseeland. Da sie keine persönliche Ansprechperson von der Royal Canadian Air Force genannt bekommen hat, lautet die Anrede und der Brief wie folgt:

An die nächsten Angehörigen von NZ415208, F/O R.C. Veitch
Liebe Freunde,
wir sind die Eltern von R204435 F/Sgt. John Richard Patterson, Heckschütze der Lancaster, deren Pilot F/O Veitch war.
Unser Sohn erwähnte seinen Piloten so häufig und beide genossen die gemeinsamen Urlaube. Am 15. Dezember wurden wir informiert, dass die gesamte Besatzung nach einem Bombenangriff am 12. Dezember auf Essen als vermisst gemeldet wurde.
Vor drei Tagen, am 2. Februar, erhielten wir die Nachricht von einem hiesigen Offizier für Opferangelegenheiten, dass John ums Leben gekommen ist. Würden Sie mir bitte zurückschreiben und mir mitteilen, welche Informationen Sie bezüglich der Besatzungsmitglieder erhalten haben? Wir freuen uns über Nachrichten über jeden einzelnen. Vielleicht kann uns jemand etwas über John mitteilen. Wir fühlen uns zurzeit so hilflos, aber hoffen und beten, dass sich alle Besatzungsmitglieder irgendwo an einem sicheren Ort befinden."

Frau Patterson erwähnt auch, dass sie Kontakt mit Bert Halls Ehefrau hat. Briefkorrespondenz hierüber ist nicht erhalten. Da beide in Kanada leben, stehen sie wahrscheinlich telefonisch in Kontakt.

Vier Wochen später, am 6. März 1945, erhalten die Pattersons den nächsten Brief von der Royal Canadian Air Force. Immer noch gibt es keine verbindlichen Neuigkeiten über die Todesumstände – und doch gibt es etwas Neues zu berichten: *„Ihrem Sohn John Richard Patterson wurde rückwirkend zum 24. November 1944 der Rang eines ‚Pilot Officer' anerkannt. Seine Offizier-Erkennungsnummer lautet J93274."* Für die Eltern ist das wohl nur ein schwacher Trost.

Mehr als anderthalb Monate warten die Pattersons auf eine Antwort aus Neuseeland. Dann, Mitte März 1945, schreibt Reg Veitchs Mutter Marwin. *„Ihr Brief war der erste Lichtblick in unserer großen Dunkelheit. Ihre Trauer bricht mir das Herz."* Informationen, die in Kanada noch nicht bekannt sind, kann auch sie nicht liefern. Genau wie alle anderen hat Marwin Veitch am 15. Dezember aus Wickenby erfahren, dass ihr Sohn von einem Einsatz am 12. Dezember nicht zurückgekehrt ist. Die Nachricht, dass auch Reg ums Leben gekommen ist, erhält sie erst zwölf Wochen später – vier Wochen nach den Pattersons. Immerhin erfährt sie, dass ein „gewisser Sergeant Stevenson" in Gefangenschaft geraten sei. Somit scheint zumindest der Bordingenieur überlebt zu haben. Und auch Marwin Veitch hofft, *„dass unsere lieben Burschen irgendwo in Sicherheit sind".* Sie hat zwei weitere Söhne, beide sind ebenfalls in Europa – im Krieg.

Tatsächlich hat auch Frau Patterson einen Rest an Hoffnung. Das bringt sie im folgenden Brief, den sie Mitte Mai 1945 an Frau Veitch verfasst, zum Ausdruck. *„Vielleicht sind unsere Jungen untergetaucht oder gefangen. Es wurden viele Fehler gemacht, allerdings sind die Informationen, die Sie und wir erhalten haben, selbstverständlich nicht ermutigend."* Aus Johns Briefen weiß sie, dass sich die beiden Söhne sehr nahe standen und viel Freizeit miteinander verbracht haben. Dass auch Leslie Hunt, „der andere Bordschütze" ums Leben gekommen ist, ist ihr ebenfalls bekannt. *„Die drei Söhne waren anscheinend eng miteinander verbunden".*
Sie berichtet auch, dass sie zu allen anderen Angehörigen Kontakt hat. *„Herr Hunt, Leslies Vater, spricht so lobenswert von Reg und John. Er hat sie beide bei sich zuhause in England getroffen. Herr Hunt meint, dass, wenn einer von ihnen in Schwierigkeiten gewesen wäre, sie alles füreinander getan hätten."*

Marwin Veitchs spätere Antwort an Myrthe Patterson lässt erneut ihre Verzweiflung ahnen. *„Mir fehlen die Worte, wie sehr ich mich über Ihren lieben Brief gefreut habe. Bisher habe ich nur von Ihnen gehört, dass weitere Mitglieder der Besatzung in Sicherheit sind. Unser Luftfahrtministerium enthält uns die Adressen der nächsten Angehörigen vor. Sie können sich gar nicht vorstellen, wie hilflos wir uns fühlen, zumal wir so weit weg sind. Ich wusste nicht, woher ich die Information hätte bekommen sollen. Das Warten auf offizielle Nachrichten war so schrecklich. Tausend Dank für Ihre Güte. Es ist ein schöner Gedanke, dass unsere Jungs füreinander da waren."*

Ende Juni 1945 erreicht ein weiterer Brief von Albert Hunt die Pattersons. Er hat etwas Positives zu berichten: *„Der Grund, warum ich nicht eher geschrieben habe war, dass ich auf den Besuch der überlebenden Besatzungsmitglieder gewartet habe. Ich freue mich Ihnen mitteilen zu können, dass diese bei uns waren. Flying Officer Parry und Flt/Sgt [Flight Sergeant] Kenworthy haben uns besucht. Beide waren betrübt darüber, als sie erfahren haben, dass mein Sohn, Ihrer und Reg Veitch ums Leben gekommen sind."* Aber von Bert Hall haben beide nichts gehört. Dafür berichtet er knapp, was Harry und Jack ihm über den Absturz erzählt haben.

Am 30. Mai 1944, fünf Monate nach dem Absturz, meldet sich wieder die Royal Canadian Air Force bei den Pattersons: John ist am 12. Dezember 1944 ums Leben gekommen. Vom Internationalen Roten Kreuz kommt die Meldung, dass man John am 14. Dezember 1944 auf dem Düsseldorfer Nordfriedhof, Grab Nummer 1345, Feld 112 C, beerdigt hat. Nun ist es offiziell – und der der letzte Funken Hoffnung erlischt.

Der folgende Brief von John Richard Elbert, Johns Vater, spiegelt sowohl Verärgerung als auch Verzweiflung wider. „Bitte fügen Sie meinen korrekten Namen in Ihre Unterlagen ein. Mein Name lautet J. R. E. Patterson. Bereits im vergangenen Winter habe ich Ihr Büro telefonisch darauf aufmerksam gemacht, augenscheinlich wurde dies nicht umgesetzt." Die Royal Canadian Air Force hat ihn immer wieder mit J. R. A. Patterson angeschrieben. Dafür wird sich die Luftwaffe später förmlich entschuldigen – wobei dieser Fehler nicht nur der Air Force geschuldet ist. Schließlich steht in den Musterungsunterlagen seines Sohnes J. R. A. – und diese tragen Johns persönliche Unterschrift.

Dann wird der Vater sehr konkret: *„Nun befindet sich Deutschland in den Händen unserer Armee. Ich nehme an, dass diese ‚offizielle deutsche Information' mit den alliierten*

Informationen abgeglichen wird. Nun sollte es doch keine Hinderungsgründe mehr geben, uns alle verfügbaren Informationen zukommen zu lassen. Selbstverständlich sind wir daran interessiert, denn wir sind schließlich die Betroffenen. So wird es beispielsweise eine offizielle Version über das, was mit dem Flugzeug geschehen ist, geben. Die Verhöre der zurückgekehrten Besatzungsmitglieder sollten diese vervollständigt haben. Ich verlange ebenfalls die Untersuchungsergebnisse, wie unser Sohn genau zu Tode kam – ob beim Absturz des Bombers, dem Absprung mit dem Fallschirm, durch feindliche Streitkräfte oder Zivilisten. Mir ist durchaus bewusst, dass ich viel verlange. Uns wurde allerdings eine lückenlose Aufklärung zugesagt."

Die Antwort der Royal Canadian Air Force am 14. Juni 1945 ist nachvollziehbar: *„Einige Informationen über die große Anzahl der über dem europäischen Festland abgestürzten oder abgeschossenen Flugzeugen hatte der Feind inne, so dass die größtmöglichen Anstrengungen unternommen werden, hieraus sichere Erkenntnisse zu erhalten."* Bei der Royal Air Force hat man eine Sondereinheit eingerichtet, die die Gräber sämtlicher bei bekannten oder vermuteten Flugzeugabstürzen umgekommenen Personen in den besetzten Gebieten zu erkunden oder zu lokalisieren hat. *„Die Zivilbevölkerung dieser Gebiete wurde über Radio, Presse und Ausrufe aufgefordert, sämtliche Informationen oder konkrete Beweise bezüglich Air Force Personal oder abgestürzten Flugzeugen zu melden. Ähnliche Anweisungen hat sämtliches Dienstpersonal, das in diesem Gebiet stationiert ist. Sie dürfen sicher sein, dass, sobald wir irgendetwas über Ihren Sohn in Erfahrung bringen, dies Ihnen sofort mitgeteilt wird."*

Die Royal Air Force betreibt einen riesigen personellen Apparat, der vor und während des Krieges Angehörige informiert, Ursachenanalyse und Dokumentationsarbeit leistet.

Endlich meldet sich ein Überlebender bei den Pattersons. Es ist der Bombenschütze, Jack Kenworthy. Was er am 27. Mai 1945 schreibt, beantwortet den Eltern viele offene Fragen – und doch bleibt eine ganz wesentliche unbeantwortet. Im Abstand von vier Wochen werden sich auch William Stevenson, der Bordingenieur sowie der Navigator Harry Parry bei den Pattersons melden.

*„Liebe Frau Patterson,
es war ein schrecklicher Schock, als ich bei meiner Gefangennahme am 16. Dezember vom Feind erfuhr, dass John wie auch Reg und Les ums Leben gekommen sind. Während der Tage hinter Stacheldraht bezweifelte ich das stets und wartete geduldig, dass ‚Pat', wie wir ihn liebevoll nannten, im Stalag [Stammlager = Kriegsgefangenenlager] auftauchen wird. Nachdem ich*

in jener Nacht aus dem brennenden Flugzeug über Essen abgesprungen bin, habe ich lediglich Harry, den Navigator, getroffen.
Falls die Nachrichten von Johns Tod stimmen, so wie es das Rote Kreuz behauptet, möchte ich Ihnen hiermit mein tiefstes und herzlichstes Mitleid für Ihren unwiederbringlichen Verlust bezeugen. Ich vermisse einen lieben Kumpel – keine Besatzung hatte einen besseren [Heckschützen] als John. Während unserer Trainings- und Einsatzphase haben wir eine großartige Zeit miteinander verbracht. Ich habe ihn nie unglücklich gesehen oder ihn klagen gehört. Wie Ihnen vielleicht bekannt ist, war seine Beförderung in der Woche durch, als wir vermisst wurden. Ich hätte mir nur gewünscht, dass Sie ihn in dieser Zeit hätten erleben können. Er hat sich so sehr bei dem Gedanken gefreut, als Offizier nach Kanada zurückzukehren. Sein Sinn für Kameradschaft während unserer Einsatzzeit war vorbildlich. Einige Einsätze über feindlichem Gebiet waren mitunter sehr, sehr schwierig; dank unserer Teamarbeit und des gegenseitigen Vertrauens haben wir es irgendwie immer wieder sicher zum Heimatflugplatz gebracht – auch wenn alles gegen uns zu sein schien."

Auch Albert Hunt schreibt erneut an Myrthe Patterson. Verfasst hat er den Brief am 27. Juli 1945. *„Man hat uns mitgeteilt, dass unser geliebter Sohn am 14. Dezember in Düsseldorf beerdigt wurde. Wir haben uns gefragt, ob Ihr geliebter Sohn dort ebenfalls begraben liegt. Meine Frau und ich werden höchstwahrscheinlich das Grab besuchen, falls man uns das gestattet. Gerne können Sie uns mitteilen, ob Sie das auch möchten. Wahrscheinlich wird man uns später eine Einladung zusenden.*
Nun, Frau Patterson, es erscheint befremdlich, dass wir unseren und Sie Ihren geliebten Sohn nie wieder sehen werden. Sie werden uns nie wieder besuchen, so wie sie es häufig nach den Einsätzen getan haben und wir ihnen ihre geliebten Bratkartoffeln zubereitet haben. Wie sehr würde ich mir wünschen, dass sie jetzt hier sein könnten.
Leslie war unser einziger Sohn, wir haben eine 19-jährige Tochter. Leslie war 24. In Ihrem Brief schreiben Sie, dass Leslie und Ihr Sohn einmal ein Jagdflugzeug bekämpft hätten. Unser Leslie hat uns nie etwas von seinen Einsätzen erzählt. Allerdings hat uns Reg Veitch erzählt, dass sie einige Male nur sehr knapp entkommen konnten und dass er ohne Leslie und Ihren Sohn John keine Einsätze fliegen würde. Beide gehörten zu den besten Bordschützen des Geschwaders.
Von Bert Hall aus Toronto haben wir überhaupt nichts gehört und hoffen, dass er unversehrt ist."
Dann kommt er auf etwas Alltägliches zu sprechen: *„Ich habe keine Ahnung, wie die Lebensmittelsituation in Kanada aussieht. Uns geht es seit dem Ende des Krieges wieder besser."* Auch seiner Frau geht es wieder besser. *„ Natürlich war es ein Schicksalsschlag, den keiner von uns so schnell überwinden wird. Bei Ihnen wird es vermutlich genauso sein. Man sagt, dass man jemanden solange nicht vermisse, bis er von einem gegangen ist. Dem stimme ich zu. Vielleicht werden wir uns alle in einer besseren Welt wiedersehen. Ich hoffe es."*

DIE GRÄBER AUF DEM NORDFRIEDHOF

Mit fast 70 Hektar Gesamtfläche ist der Nordfriedhof Düsseldorfs größter Friedhof. Während die verstorbenen Besatzungsmitglieder der alliierten Flugzeuge zu Beginn und kurz vor dem Ende des Zweiten Kriegs auch auf lokalen Friedhöfen der betroffenen Städte beerdigt werden, darf das normalerweise nur noch auf großen Sammelfriedhöfen geschehen, wobei es immer wieder Ausnahmen gibt. Das Einzugsgebiet des Düsseldorfer Nordfriedhofs ist daher recht weitläufig: Die Toten werden aus Düsseldorf und den angrenzenden Städten, vom Niederrhein, dem Ruhrgebiet und Teilen des Bergischen Landes hierher überführt. Trotz des fortgeschrittenen Krieges – sie werden mit militärischen Ehren in Ehrengräbern begraben.

Als Nächster meldet sich William Stevenson, der Bordingenieur, bei Johns Eltern.

„Vielen Dank für Ihren Brief. Seitdem ich wieder zuhause bin, wollte ich Ihnen mehrfach schreiben. Da ich Ihnen aber keine guten Neuigkeiten hätte mitteilen können, fiel es mir sehr schwer. Ich kann mir vorstellen, wie wichtig es für Sie ist, herauszufinden, was John passiert ist. Mein Arbeitsplatz befand sich vorne im Flugzeug, neben dem Piloten. Es war für mich nachts nicht möglich mitzubekommen, was sich im hinteren Bereich des Flugzeugs abgespielt hat. Meine Sprechfunkanlage war defekt, sodass ich weder jemanden hören, noch mit jemanden reden konnte.

Gräber auf dem Düsseldorfer Nordfriedhof: Links das von Leslie Hunt, rechts von John Patterson – Foto: John Patterson

Das Grab von John Patterson auf dem Düsseldorfer Nordfriedhof – Foto: John Patterson

Ich war vier Tage in Deutschland unterwegs, bevor man mich festnahm. Als ich schließlich zum Verhör- und Durchgangslager [Dulag Luft in Oberursel] gebracht wurde, erklärte mir ein Offizier, dass Harry und Jack bereits dort seien, Bert Hall vermisst und John, Reg Veitch und Les Hunt tot seien. Dann begannen die Deutschen mit dem Verhör, wobei es hier um militärische Angelegenheiten ging. Es war nicht möglich, weitere Informationen zur Besatzung zu erhalten. Es tut mir aufrichtig leid, dass ich Ihnen in Ihrer Trauer nicht weiterhelfen kann. John und ich sind gute Freunde geworden. Gemeinsam mit Reg Veitch wollten wir unseren Neujahrsurlaub bei uns in Glasgow verbringen. Das sollte jedoch nicht sein.
Später traf ich Harry im Stalag Luft I [Stammlager]. Keiner von uns wurde brutal behandelt. Die Zeit im Gefangenenlager sehe ich im Nachhinein weniger als schlimme Sache, sondern vielmehr als eine unangenehme Erfahrung an. Seien Sie gewiss, die Nazis in Deutschland waren in jeglicher Art gefühlskalt. Sie haben wirklich gedacht, sie seien die Herrenrasse und könnten die Welt beherrschen.
Ich hoffe, dass eines Tages vielleicht der Gedanke, dass John einer der Helden war, die sich für die Freiheit aller eingesetzt haben, für Sie ein Trost sein wird. Sie haben allen Grund, stolz auf ihn zu sein.
Ihr sehr ergebener
Wm. Stevenson.

DIE RECHERCHE GEHT WEITER

Die Archäologen in Düsseldorf befinden sich immer noch am Anfang der Recherche. Die letzten noch vorhandenen Wrackteile sind geborgen, so dass sich nun unwillkürlich die Frage stellt, welches Schicksal die Männer an Bord ereilt haben mag. Bisher nahm die sachlich-nüchterne Suche nach Hinterlassenschaften des Flugzeugs den meisten Raum ein. Jetzt rücken andere Gedanken in den Vordergrund: Warum ist das Flugzeug überhaupt abgestürzt? Was mag aus den Besatzungsmitgliedern geworden sein? Und wer befand sich an Bord? Nicht dass diese Gedanken nicht schon eine Weile innerhalb der Gruppe kursierten – es fehlt schlicht die Zeit, um diesen Fragen intensiv nachzugehen.

Die ersten hilfreichen Hinweise führen über die ums Leben gekommenen Besatzungsmitglieder. Das Friedhofregister des Nordparks listet am 14. Dezember 1944 um 10 Uhr in Kurrentschrift die Beerdigung dreier englischer Flieger auf. Notiert werden die Namen Veitch, Hunt und Patterson und deren Erkennungsmarken-Nummern. Weiter sind als Todesdatum der 11. Dezember 1944, die Grablagen und eine zusätzliche Bemerkung verzeichnet: „R. v. Grafenberg".

Detailansicht aus dem Friedhofsregister zu den Einträgen von Reg Veitch, Leslie Hunt und John Patterson – Foto: Thomas Boller

Offenbar ist demjenigen, der die Einträge vorgenommen hat, nicht bekannt, dass die drei Flieger in Wirklichkeit einen Tag später, am 12. Dezember 1944, ums Leben gekommen sind. Reginald Veitchs Nachnamen hat er versehentlich ein „t" angefügt. Was mit der Bemerkung „R. v. Grafenberg" gemeint ist, kann nicht eindeutig geklärt werden.

Bereits während der Arbeiten an der Absturzstelle ist den Archäologen bewusst, dass hier zugleich Unfallstelle ist. Jetzt, mit dem Bekanntwerden der drei Namen erhält die Untersuchung einen persönlichen, menschlichen Bezug. Was haben die Männer in den letzten Minuten ihres Lebens wohl erleben oder gar ertragen müssen? Ob das sich überhaupt nach so langer Zeit noch herausfinden lässt?

Ein weiteres Mosaiksteinchen liefert die Abfrage einer Internet-Datenbank, die auf Flugzeugabstürze während des Zweiten Weltkriegs spezialisiert ist. Diese besagt, dass die drei Männer einer Lancaster-Besatzung angehören und am 12. Dezember „in der Nähe von Düsseldorf" abgestürzt sind. Dass sie nicht alle Engländer sind, sondern auch aus Neuseeland, Kanada und Großbritannien stammen, korrigiert die Einträge des Düsseldorfer Friedhofsregisters.

Normalerweise befinden sich sieben Besatzungsmitglieder an Bord eines Lancaster-Bombers. Haben die vier anderen überlebt? Und tatsächlich werden weitere Namen aufgelistet: Harry Winston Parry, Jack Kenworthy und William Nimmo Stevenson. Die drei werden als „POW" (Prisoner of War), also „Kriegsgefangene" ausgewiesen. Der Name des siebten Besatzungsmitglieds lautet Bertram William Edward Hall, hinter dessen Namen steht „KIA" (Killed In Action). Sonderbar: Wenn er „gefallen" ist – warum ist er dann nicht ebenfalls in dem Friedhofsregister auf dem Nordfriedhof verzeichnet? Hat er den Absturz möglicherweise überlebt und ist später anderswo ums Leben gekommen?

Vier Wochen nach William Stevensons Brief, am 31. Juli meldet sich schließlich Harry Parry, der Navigator bei Frau Patterson:

"Liebe Frau Patterson,

Zunächst möchte ich mich herzlich für die vielen Briefe bedanken, die Sie meiner Frau während meiner Abwesenheit [gemeint ist seine Gefangenschaft] geschrieben haben. Ich kann Ihnen versichern, dass diese Briefe eine große Hilfe und Trost für sie waren.

Ich möchte meine Anerkennung für Johns edlen Charakter zollen. Ich werde keinen besseren Freund oder Kameraden finden. Er hat seinen Job hervorragend gemacht und wir alle hatten bedingungsloses Vertrauen in ihn und Les Hunt. John traf meine Frau und Kinder während wir bei der O.T.U. waren. Wir haben vereinbart, dass er und Reg, nachdem wir unsere Tour beendet haben, für eine Weile zu uns kommen sollen. Wir waren so nah dran am Ende unserer Tour, aber das Schicksal hat für uns einen anderen Weg bestimmt. Wir waren eine perfekte, glückliche Besatzung und ich werde selbstverständlich niemals mit besseren Kameraden zusammenarbeiten.

Es betrübt mich sehr, dass Sie und die Eltern der anderen Jungs nicht meine Freude über die Rückkehr in dieses Land teilen können."

Neben den aufrichtigen Beileidsbekundungen enthalten die Berichte der Drei etwas, worauf die Pattersons monatelang gewartet haben und was die offiziellen Stellen nicht mitgeteilt haben – eine detaillierte Beschreibung über die letzten Minuten an Bord. Und niemand kann sagen, was aus Bert Hall, dem Funker geworden ist.

EIN FALL VON SELBSTJUSTIZ IN ESSEN

Aufgeregt schreibt am 1. November 1945 Albert Hunt an Johns Eltern: *"Sie werden sich wundern, dass ich Ihnen schon wieder schreibe. Der Grund liegt in einem Zeitungsausschnitt aus der Morgenzeitung vom 30. Okt. Diesen habe ich Ihnen beigefügt. Dort können Sie lesen, dass drei unserer tapferen Jungs in Essen brutal nach dem Fallschirmabsprung ermordet worden sind.*

RAF-MÄNNER WURDEN ZU TODE GETRETEN

Der berüchtigte ‚Fall von Essen West', in dem neun Deutsche beschuldigt werden, zwei RAF-Männer zu Tode getreten und einen weiteren kaltblütig erschossen zu haben, wird in wenigen Wochen vor dem Wuppertaler Gericht verhandelt.

Die drei RAF-Angehörigen sind am 12. Dezember während eines Angriffs auf das Ruhrgebiet mit dem Fallschirm abgesprungen. Sie wurden gefangen genommen und zur Essener Kaserne gebracht. Am darauffolgenden Morgen um 10 Uhr hat der Einsatzleiter sie angeblich vor einem aufgebrachten Mob von tausenden Deutschen aufmarschieren lassen. Anschließend hat dieser Offizier, er ist einer der Angeklagten, angeblich den Befehl an die deutsche Begleitmannschaft gegeben, zurückzutreten. Den drei RAF-Angehörigen wurde befohlen, mitten durch den Mob die Straße hinunterzugehen.

Zwei Männer wurden zu Tode getreten und geschlagen, ihre Körper wurden in einen Fluss geworfen. Der dritte Mann versuchte zu fliehen. Es gelang ihm, von der Brücke in den Fluss zu springen. Beim Versuch, in die Freiheit zu schwimmen, erschossen ihn die Wächter."

Albert Hunt fährt fort: „*Das war am gleichen Tag, an dem unsere geliebten Jungs als vermisst gemeldet wurden. Ich habe mich gefragt, ob das unsere geliebten Jungen gewesen sein könnten, die Opfer des besagten Verbrechens geworden sind. Ich habe an ein Mitglied unseres Parlaments geschrieben und ihn gebeten, mir die Namen der von den widerlichen Bestien Ermordeten zu nennen. Ich teile sie Ihnen mit, sobald sie mir bekannt sind. Vielleicht wird man uns die Namen auch nicht verraten. Das sollten Sie aber, genauso wie den Eltern der anderen Besatzungen, die es bei diesem Einsatz nicht geschafft haben. Hoffentlich waren es nicht unsere geliebten Jungs. Aber wie auch immer, eigentlich ist das egal, denn es bleiben stets die von irgendwem geliebten Söhne. Nun liegt es an uns dafür zu sorgen, dass wir diese Schweinehunde, die sogenannten Deutschen, die den Befehl zu diesem widerlichen Verbrechen gaben, genauso behandeln.*"

Sofort nimmt auch Johns Vater Kontakt zur Royal Canadian Air Force auf und leitet den Artikel weiter. Ist möglicherweise sein Sohn Opfer dieser Tat geworden? „In einem vorherigen Brief habe ich betont, dass wir sämtliche verfügbaren Informationen, gute wie schlechte, verlangen. Daran hat sich nichts geändert." In der prompt eintreffenden Rückantwort schreibt die Royal

> **'RAF MEN WERE KICKED TO DEATH'**
>
> THE notorious "Case of Essen West" — in which nine Germans will be charged with kicking two RAF men to death and shooting a third in cold blood — will begin in a Wuppertal courtroom in the next few weeks.
>
> The three RAF men baled out on the night of December 12, during a raid on the Ruhr.
>
> They were captured and taken to Essen barracks.
>
> At 10 o'clock the next morning the officer in charge is alleged to have paraded them on the steps of the barracks facing a seething mob of thousands of Germans.
>
> Then this officer — who is one of the accused — is alleged to have ordered the German escort to stand clear. The three RAF men were ordered to march down the street in the midst of the mob.
>
> Two of the men were kicked and beaten to death and their bodies thrown into the river.
>
> The third man tried to escape. He succeeded in jumping over the brige into the river, but the guards shot him as he was swimming to freedom.

Zeitungsartikel über den Prozess zum Lynchmord an drei britischen Fliegern in Essen –
Foto: John Patterson

Canadian Air Force, dass „keine Informationen bezüglich des von Ihnen zugesandten Artikels" vorliegen.

ZEITZEUGEN IN DÜSSELDORF

Was mögen diejenigen berichten, die damals in der Nähe des Absturzortes in Düsseldorf gelebt haben? Gibt es überhaupt noch Zeitzeugen, die irgendetwas, das im Zusammenhang mit dem Absturz des Lancaster-Bombers in Verbindung steht, mitteilen können?

In verschiedenen Tages- und Wochenzeitungen wird ab Mitte 2012 ein Teil der bisherigen Rechercheergebnisse veröffentlicht. Damit verbunden ist die Bitte, dass selbst noch so unwichtig erscheinende Erinnerungen für die Untersuchungen von Interesse sein könnten. Bewusst werden einige Details in den Artikeln nicht preisgegeben – schließlich soll möglichst unvoreingenommen von dem Erlebten berichtet werden. Wie groß wird wohl die Resonanz sein?

Heute leben immer weniger Menschen, die die Kriegszeit miterlebt haben und die damals alt genug waren, um sich an konkrete Ereignisse erinnern zu können. Und es gibt diejenigen, die über die Kriegserlebnisse nicht sprechen wollen – oder es einfach nicht können, weil sie Angst haben, dass alte, seelische Narben wieder aufreißen. Selbstverständlich muss all das akzeptiert werden.

Hinzu kommen pragmatische Gründe: Die Absturzstelle liegt am weniger dicht besiedelten Stadtrand, innerhalb eines großflächigen Waldgebiets. Somit ist es denkbar, dass der Absturz im Verborgenen blieb. Zeitzeugen können zwischenzeitlich auch verzogen sein – und sind somit gar nicht über die lokalen Medien erreichbar. Trotzdem melden sich immerhin acht Personen, von denen fünf übrig bleiben, deren Aussagen zu den Geschehnissen im Wildpark passen könnten.

Ein Zeitzeuge, dessen Großmutter in der Nähe der mutmaßlichen Fundstelle wohnt, erinnert sich, dass sie ihm als Kind erzählt hat, „ein toter Flieger sei in seiner Kanzel auf deren Grundstück gefunden worden". Die Großmutter lebt am Rotthäuser Weg, nordöstlich von Düsseldorf-Gerresheim. Leider möchte der Zeitzeuge nach einem einmaligen Telefonat, in dem er sein Wissen mit einem seltsamen Unterton weitergibt, keine weiteren Auskünfte erteilen. Das muss respektiert werden. In Gegenwart eines gemeinsamen Bekannten wiederholt er das Gesagte später. Anfangs wird die Aussage eher als zweifelhaft betrachtet, zumal: Weshalb soll ein Bezug zu dem Absturz im Wildpark bestehen? Die geografische Nähe zum Absturzort allein reicht hierbei nicht aus. Entsprechend wird die Spur zunächst nicht weiter verfolgt. Erst Monate später erscheint sie in einem anderen Licht.

Der besagte Bekannte des Zeitzeugen sieht als Junge, wie ganz in der Nähe des Rotthäuser Wegs zwei Motoren aus dem Boden geborgen werden, einer direkt vor der Terrasse einer Villa. Eduard Fandel erinnert sich so genau daran, weil er seitdem weiß, was ein „Flaschenzug" ist und wie dieser funktioniert. Und weitere Dinge kann der Mann berichten: Über Flugzeuginstrumente und -gerätschaften, die verstreut am Rande des Rotthäuser Wegs liegen. Auch in diesem Fall erscheinen die Beobachtungen zunächst sonderbar: Warum sollen die Motoren oder Instrumente dem Lancaster-Bomber zugehören, wo liegt hier der Bezug? Auch diese Informationen werden später anders bewertet.

Am Morgen des 13. Dezember 1944 hat am ehemaligen Derner Hof in Gerresheim, nur wenige hundert Meter Luftlinie von der Absturzstelle entfernt, ein Junge diese seltsame Entdeckung gemacht: Da liegt etwas mitten auf der Straße vor seinem Elternhaus – ein aufgeblasenes Rettungsboot! Josef Höltgen bringt das mit dem abgestürzten Flugzeug im Wildpark in Verbindung. Wie ist das zu erklären?

„Ich bin mit meinem Vater am nächsten Tag zum Wildpark gegangen", erzählt Heinz Daniels. „Dort lag ein toter Kanadier, sein Fallschirm hatte sich nicht ganz geöffnet, seine Beine waren gebrochen. Mein Vater hat seinen Pass an sich genommen. Der Mann war 23 Jahre alt."

Etwas später, bei einem Familienfest im Wildpark, meldet sich eine Dame. Von ihrer Tante, der es gesundheitlich nicht gut geht, soll sie etwas ausrichten: „Ich kann mich genau daran erinnern, dass im Krieg ein großes Flugzeug ganz tief und brennend über Grafenberg geflogen ist. Das muss in Richtung Wildpark geflogen sein." Leider sind keine näheren Details in Erfahrung zu bringen. Somit ist auch diese Aussage skeptisch zu betrachten.

Bei der Auswertung von Zeitzeugenaussagen muss stets darauf geachtet werden, dass das Erzählte kritisch, aber mit Fingerspitzengefühl hinterfragt wird. Im konkreten Fall finden die Befragungen fast 70 Jahre nach dem Absturz des Flugzeugs statt. Nach so langer Zeit können Dinge vergessen, unterschiedliche Erlebnisse vermischt oder in der Phantasie völlig verfälscht werden. So kann es vorkommen, dass ein Foto aus der Zeitung oder eine Filmszene mit einem abstürzenden Flugzeug sich später mit dem tatsächlich Erlebten überlagert. Das kann genauso ungewollt wie unbewusst geschehen. Trotzdem erklären die Befragten, sie seien „sich absolut sicher", dass dies so und nicht anders gewesen sei: „Ich habe es doch mit eigenen Augen gesehen."

DER ERSTE TODESTAG

Am 12. Dezember 1945 schreibt Frau Veitch an Frau Patterson. Es ist der erste Todestag ihres Sohnes, von John Patterson und Leslie Hunt. Bert Halls Schicksal ist immer noch unklar, er gilt weiterhin als vermisst.
Wie schwer es ihr fällt, die Worte zu Papier zu bringen, ist deutlich zu erkennen. Während die vorherige Korrespondenz stets fein säuberlich und gut lesbar ist, sind die Worte in diesem Brief zum Teil schwer zu entziffern – sie sind offensichtlich mit einer zitternden Hand geschrieben.

„Liebe Frau Patterson,

nur zu gut kann ich nachvollziehen, woran Sie heute denken – meine liebevollen Gedanken sind genau wie Ihre an einem Ort, der uns Angst einjagt.

Mir geht es, um ehrlich zu sein, nicht gut. Neulich sollte ich wegen einer kleineren Operation ins Krankenhaus. Der Doktor schickte mich nach Hause, ich sollte heute wiederkommen. Als ich ihm erzählte, was heute für ein Tag sei, meinte er, dass seien ja keine schönen Erinnerungen. Also werde ich morgen noch einmal hingehen und hoffe, dass es mir dann besser geht.

Ich bin heute nicht in der Lage, viel zu schreiben, Frau Patterson, aber meine Gedanken sind bei Ihnen.

Ich werde Ihnen nie vergessen, wie freundlich und einfach wundervoll es von Ihnen war, uns über alle Neuigkeiten in Kenntnis zu setzen.

Ihnen und Ihren Lieben alles Gute für die Weihnachtszeit.

Alles Liebe und die besten Wüsche

Frau L. Veitch

Soweit bekannt ist, schreibt Frau Veitch keine weiteren Briefe an Frau Patterson. Wie tief die Trauer auch Jahrzehnte später noch verwurzelt ist, insbesondere jedes Jahr am 12. Dezember, ist auch von Johns Vater überliefert: Am 30. Todestag seines Sohnes, im Jahr 1974, erleidet er einen Herzinfarkt, an dessen Folgen er wenige Tage später, mit 85 Jahren, stirbt.

Kurz vor Weihnachten erhalten die Pattersons den nächsten Brief von der Royal Canadian Air Force: *„Es tut mir leid, dass uns nur sehr wenige Informationen über das Schicksal von Sergeant Hunts Besatzung vorliegen. Drei der Männer wurden gefangen genommen, einer wurde als vermisst gemeldet und die restlichen Besatzungsmitglieder, einschließlich Sergeant Hunt, sind ums Leben gekommen. Es gibt keinerlei Hinweise darauf, dass Sergeant Hunt und seine Besatzung von Deutschen ermordet wurden. Gleiches gilt für andere Flugzeugbesatzungen, die den gleichen Einsatz flogen. Ich hoffe sehr, dass diese Informationen für Herrn Hunt und seine Frau ein Trost sind."* Albert Hunt meldet sich ebenfalls: *„Ich habe nichts mehr über die ermordeten Jungs gehört und bin mir nicht sicher, ob wir jemals erfahren werden, wer sie waren. Ich glaube, genau wie Sie, dass es nicht unsere Jungs waren. In der Presse habe ich nichts über den Prozess und denjenigen, denen man die Schuld an der Tat gab, gelesen."* Resigniert fährt er fort: *„Vielleicht ist das eine weitere Sache, die wir nie erfahren sollen."*

Nebenbei geht Albert Hunt auf einen Brief, den er von Herrn Patterson erhalten hat, ein. Verbittert bemerkt er Myrthe Patterson gegenüber: *„Ihr Mann hat mir geschrieben, dass er meine Frau für Leslies Ehefrau gehalten habe, da sie so jung aussehe. Sie würden sie jetzt, nach dem Tod unseres geliebten Sohnes, nicht wiedererkennen. Es war das letzte Foto von ihm.*
Wie Sie treffend bemerkt haben, scheinen die Jungs nach jedem Einsatz gealtert zu sein. Das können Sie auch auf Johns Foto erkennen."

In der von der Besatzungsmacht herausgegebenen Ruhr Zeitung erscheint am 24. Dezember 1945 ein ausführlicher Bericht über die Vorkommnisse auf der Essener Wickenburgbrücke, die Beteiligten, den Prozess und die daraus resultierenden Urteile:

Albert Hunt: „Zu sehen sind seine Mutter, die auf der Treppe neben ihm steht und sein Tantchen. Aufgenommen wurde es unmittelbar vor seinem letzten Einsatz." – Foto: John Patterson

„Am Vormittag des 13. Dezember 1944 sind die drei englischen Flieger, die im Fallschirm abgesprungen waren, von dem Polizeirevier 13 in der Schule Mülheimer Straße [heute Realschule West] an eine Wehrmachtseinheit abgegeben worden, die gleichfalls in der Schule untergebracht war. Sie sollten als Kriegsgefangene dem Fliegerhorst in Essen-Mülheim

Die letzte Aufnahme von John – Foto: John Patterson

zugeführt werden. Auf dem Wege dorthin sind die englischen Flieger, die von zwei deutschen Soldaten begleitet wurden, an der Wickenburg von einer Horde Zivilisten in bestialischer Weise getötet worden. Einer von ihnen, der noch Lebenszeichen gab, nachdem man ihn heruntergeworfen hatte, wurde von der Brücke herab erschossen." Weiter heißt es: „Durch Zeugenaussagen am meisten belastet wurde der Hauptangeklagte Heyer, der als damaliger Hauptmann der zuständigen Wehrmachtseinheit durch hetzerische Bemerkungen die Menge, die nachher zum Pöbel wurde, indirekt zu der Tat veranlasst haben soll. Der Angeklagte Koenen hatte zusammen mit dem nicht auf der Anklagebank sitzenden Nelges die englischen Flieger abtransportiert. Die übrigen Angeklagten werden der Teilnahme an den Vorgängen auf und unter der Brücke beschuldigt."

Die Augenzeugen des Verbrechens geben in dem Prozess fürchterliche Details wieder: „Die Gruppe bewarf die alliierten Flieger mit Steinen und schlug sie mit hölzernen Gegenständen." Und: „Danach sah ich, dass sie den ersten alliierten Soldaten [...] von der Brücke warfen, gefolgt von dem anderen [...]. Dann versuchte der dritte alliierte Soldat zu entkommen und rannte zur linken Seite der Brücke. Ein Radfahrer kam von der Seite [...] und warf den Dritten mithilfe anderer von der Brücke." – „Ich hörte Schreie wie ‚Tötet sie!'" – „Als sie den kleineren Soldaten über die Brücke werfen wollten, schrie er auf Deutsch: ‚Bitte lassen sie mich, ich habe eine Familie zu Hause' und zeigte ein Foto aus seiner Brieftasche." Ein weiterer Zeuge will gehört haben, wie ein ihm unbekannter Soldat sich später wegen seiner Rolle an dem Mord rühmte: „Es würde mir nichts ausmachen, jeden Tag einen solchen Job zu übernehmen."

Es folgen die Urteile: „Heyer Todesstrafe durch Erhängen. Koenen fünf Jahre Gefängnis." Gegen zwei weitere Beteiligte, Johann Braschoß und Franz Kirchner, wird ebenfalls die Todesstrafe durch Erhängen ausgesprochen. Zwei Angeklagte erhalten lebenslänglich sowie zehn Jahre Gefängnis. In Hameln werden am 8. März 1946 die Todesurteile gegen Erich Heyer und Johann Braschoß vollstreckt, Franz Kirchner wird am 15. Mai 1946 gehängt. Koenen wird 1949 aus der Haft entlassen; nicht bekannt ist, wie lange die anderen Angeklagten inhaftiert waren. [14]

Die Namen der drei Opfer bleiben lange Zeit im Verborgenen. Erst im Jahr 2017 gelingt es dem britischen Historiker Marc Hall sowie dem deutschen Pfarrer Traugott Vitz aus Essen nach aufwendigen Recherchen[15] , die drei Männer zu identifizieren. Flying Officer Leon Milner vom 460. Geschwader ist 23 Jahre alt und Bordingenieur in einem Lancaster-Bomber, der die Seriennummer PB542 und die Kennung AR-D2 trug. Sergeant Harry Mawson ist gleich alt und ebenfalls Bordingenieur, Flying Officer Michael Gisby ist ein Jahr jünger und Navigator.

Beide gehören dem 582. Geschwader an und befinden sich vor dem Absturz an Bord des gleichen Flugzeugs, dem Lancaster-Bomber mit der Seriennummer PB554 und der Kennung 60-M.

Leon Milners und Michael Gisbys Gräber sind nach wie vor unbekannt – falls man sie überhaupt ordentlich begraben hat. Auf dem Runnymede Memorial, westlich von London, stehen ihre Namen auf Gedenktafeln. Hier wird an alle Männer und Frauen der Royal Air Force gedacht, die im Zweiten Weltkrieg gefallen sind und kein bekanntes Grab haben. Harry Mawsons letzte Ruhestätte ist auf dem Reichswaldfriedhof, nahe Kleve.

Am 3. September 2018 findet auf der Wickenburgbrücke eine bewegende Gedenkveranstaltung statt, bei der eine Erinnerungstafel feierlich enthüllt wird. Anwesend sind auch Mike Mawson und Kevin McQueeney aus Großbritannien. Sie sind Großneffen von Harry

Erinnerungstafel auf der Wickenburgbrücke in Essen – Foto: Thomas Boller

Mawson. Was dem Onkel tatsächlich passiert ist, haben sie und ihre Familien erst kürzlich erfahren – dank Marc Hall und Traugott Vitz.

Kevin McQueeney, Traugott Vitz, Marc Hall und Bezirksbürgermeister Klaus Persch neben der noch verhüllten Gedenktafel – Foto: Thomas Boller

Am 7. April 1946 schreibt Albert Hunt einen weiteren Brief an die Pattersons. *„Uns wurde es bisher nicht gestattet, das Grab unseres Sohnes zu besuchen. Sobald wir die Erlaubnis haben, werden wir das tun. Wir sind in Kontakt mit einem Freund, dessen Sohn in Düsseldorf stationiert ist. Ich habe ihn gebeten, die Gräber unseres und Ihres Sohnes zu besuchen. Das tat er und teilte uns mit, dass die beiden nebeneinander begraben sind. Es stimmt also, dass sie dort begraben wurden."* Der Brief endet mit nach vorne gerichtetem Blick: *„Ich glaube, dass wir zu häufig über diejenigen nachdenken, die diese Misere der Welt angetan haben. Es ist an der Zeit, dass wir wieder etwas mehr an uns denken."*

Erst im September 1950 werden Albert und Mary Hunt das Grab ihres Sohnes besuchen, allerdings befindet sich dieses mittlerweile nicht mehr auf dem Düsseldorfer Nordfriedhof.

Am 20. April 1946 schreibt John Richard Elbert erneut an die Royal Canadian Air Force. Er weiß eine interessante Neuigkeit zu berichten: *„Wir sind aufgefordert worden, diese Anfrage zu stellen, da ein Fliegerfreund meines Sohnes sich in der Nacht auf dem Flugplatz befand, als dieser nicht zurückkehrte. Er traf zwar nicht mehr rechtzeitig ein, um ihn noch zu treffen, blieb allerdings bis zur erwarteten Ankunftszeit. Er sprach mit dem Piloten, der sich* *mit seinem Flugzeug hinter dem meines Sohnes über dem Ziel befand. Der Pilot sah sowohl den Angriff des Nachtjägers wie auch das Flugzeug, als es brennend zu Boden ging. Er beobachtete drei geöffnete Fallschirme – aber keine weiteren. Wir haben das erst kürzlich, als wir mit dem genannten Freund gesprochen haben, erfahren.*" Das ist 16 Monate nach dem Absturz.

Nun ist geklärt, was der besagte Pilot beobachtet hat. Mit dem Fliegerfreund ist Doug Tate gemeint. John berichtet ihm in seinem letzten Brief, dass er Doug nur knapp am Telefon verpasst habe. Auch Audrey, das Mädchen aus dem Offizierskasino, wird genau das erfahren haben. Die traurige Nachricht vom Tod der Drei wird ihr längst bekannt sein. Ob sie weiterhin mit Regs Mutter in Kontakt steht, ist nicht bekannt.

Auch auf den Vorfall auf der Wickenburgbrücke in Essen geht Johns Vater nochmals ein, denn mit Doug Tates Aussage ist klar, dass es weder der eigene Sohn noch die beiden anderen aus der Besatzung gewesen sein können, die hier ermordet worden sind.
„Hätten wir das eher gewusst, wäre uns eine Menge an Sorgen erspart geblieben, ob unser Sohn zu den drei gefangen genommenen Fliegern in Essen gehörte, die am nächsten Tag ermordet wurden.
Natürlich fragen wir uns, warum diese Information, die Ihren Geheimdienstoffizieren oder sonst wem, der die Berichte nach den Einsatzflügen sammelt, vorliegen mussten, nicht an uns herangetragen wurden. Da wir nun von den drei Männern Kenntnis haben, die abgesprungen sind, ist für uns diese Geschichte nun ausreichend abgeschlossen. Sollte diese Information uns aus irgendwelchen Gründen vorenthalten worden sein, habe ich dafür kein Verständnis."

Drei geöffnete Fallschirme: Es ist naheliegend, dass an diesen Jack Kenworthy, William Stevenson und Harry Parry zu Boden geschwebt sind. Was der besagte Pilot allerdings nicht gesehen hat: Der Bomber ist nicht unmittelbar danach abgestürzt.

GRÄBER IN HILDEN UND IN DÜSSELDORF
Wie passt das folgende Ereignis zu den bisherigen Erkenntnissen rund um den Flugzeugabsturz im Düsseldorfer Wildpark? Zunächst ist das nicht nachvollziehbar.

Auf dem Hauptfriedhof in Hilden findet am 28. August 1946 die Exhumierung eines unbekannten kanadischen Soldaten statt. Der Untersuchungsoffizier H. Goldstajn ist dort kurz zuvor auf ein verwahrlostes Grab aufmerksam gemacht geworden. Die Ergebnisse des Exhumierungsberichts geben schauerliche Details preis. Man hat den Toten nackt begraben, nur in einen Sack gewickelt. Sein Kopf weist auf der rechten Seite heftige Brüche auf – Ursache ist ein Einschussloch, das sich auf der linken Seite befindet. Zusätzlich besteht die Möglichkeit, dass ihm die Verletzungen auf der rechten Seite mit einem kleinen, stumpfen Gegenstand zugefügt worden sind. Das Alter des Toten wird auf 18-23 Jahre geschätzt.

Eine Erkennungsmarke liegt dem Grab nicht bei, das Friedhofsregister weist ebenfalls keinen Namen aus, „Unbekannter Canadischer Flieger" steht dort. So bleibt unklar, wer der Tote ist. 23 Jahre? Kanadier? Hat nicht der Zeitzeuge von einem 23-jährigen Kanadier berichtet? Den Toten will er allerdings in der Nähe des Wildparks gesehen haben. Das passt nicht zusammen.

Fast zeitgleich wird seit September 1946 von den Briten auf dem Nordfriedhof in Düsseldorf ein Ehrengrab nach dem anderen geöffnet. Eine Arbeit, die allen beteiligten Helfern und rechtsmedizinischen Experten Unvorstellbares abverlangt. Man versucht, mehrere Hundert alliierte Flieger zu identifizieren. Während einige Leichname erst seit etwas mehr als einem Jahr hier begraben sind, liegen andere schon seit Mitte 1940 auf dem Friedhof. Entsprechend ist der Zustand der sterblichen Überreste. Hinzu kommt, dass in einigen Gräbern lediglich Körperteile liegen, die zudem von unterschiedlichen und nicht mehr zuzuordnenden Individuen stammen – eine Folge der enormen Zerstörungskräfte, die beim Aufprall eines Flugzeugs freigesetzt werden. In Formblättern werden äußere Merkmale und der Zustand der Toten, die Gegenstände, die sie bei sich tragen oder die sich in den Gräbern befinden, gegebenenfalls auch Auffälligkeiten aufgelistet.

Am 24. Oktober 1946 werden die nebeneinander liegenden Gräber von Reginald Clive Veitch, Leslie Hunt und John Patterson geöffnet – 22 Monate nach deren Beerdigung. Bei John Patterson wird eine Erkennungsmarke gefunden, Reste seiner Hose, ein kanadisches Hemd, eine schwarze Krawatte, eine aufblasbare Schwimmweste und der elektrisch beheizbare Fliegeranzug.

In Leslie Hunts Grab wird keine Erkennungsmarke gefunden, dafür sein Bordschützenabzeichen: A/G (Airgunner). Weiter befinden sich in dem Grab ein elektrisch beheizbarer Fliegeranzug, eine Hose, zwei lange Unterhosen und ein Militärhemd, auf dessen abtrennbarem Kragen die Aufschrift „H N 63X" steht. In dem Bericht wird vermutet, dass das mit den letzten drei Ziffern der Erkennungsnummer zu tun haben könnte: 1577634. Auch zwei zivile Kleidungsstücke liegen bei: ein blauer Pullunder sowie Hosenträger.

Reginald Veitch ist ohne Sarg beerdigt worden. Eine Erkennungsmarke mit vollständigen Daten befindet sich in seiner hinteren Hosentasche. Daneben liegen ein Offiziershemd, Teile einer Rettungsweste sowie zwei Uniformjacken. Die eine trägt das Abzeichen eines Offiziers (F/O = Flight Officer) und neuseeländische Schulterabzeichen wie das eines Flight Sergeants.

Dass sich in Reg Veitchs Grab kein Sarg befindet, hat möglicherweise einen nachvollziehbaren Grund: Düsseldorf hat in den letzten Monaten durch Bombardierungen viele Tote in der Zivilbevölkerung zu beklagen – es mangelt schlicht an Särgen. Gut denkbar, dass Reg, in eine weitere Uniform gewickelt, ins Grab gelegt wird. Gehört die andere Uniform seinem guten Freund John Patterson? Zum Zeitpunkt der Beerdigung trägt dieser noch den Rang eines Flight Sergeants, die Beförderung zum Flight Officer findet ja erst postum statt.

DIE UNTERSUCHUNG DER ABSTURZSTELLE IM JAHR 1946

Am 14. Dezember 1946, also fast auf den Tag genau zwei Jahre nach dem Absturz, untersucht der britische Lieutenant E. F. Herbert die Absturzstelle des Lancaster-Bombers im Wildpark. Anlass ist das als vermisst gelistete Besatzungsmitglied: der Funker Bertram Edward William Hall. Ob die Absturzstelle nähere Erkenntnisse über dessen Verbleib, vielleicht im wahrsten Sinne des Wortes, „ans Tageslicht" fördert? Dort gibt es nur noch wenige Hinweise, die auf das tragische Ereignis vom 12. Dezember 1944 hindeuten. Eine direkte Untersuchung an dem abgestürzten Flugzeug kann also nicht vorgenommen werden.

UNTERSUCHUNGSBERICHT

ZIEL: ESSEN.
FLUGZEUGTYP UND SERIENNUMMER: Lancaster Mk III N.D. 342 „U".
VERLUSTDATUM: 12. Dezember 1944.
ABSTURZORT MIT KARTENKOORDINATEN: DÜSSELDORF-GRAFENBERG, Lindenplatz, Nähe Rennbahnstraße (M.R. K.52/F.3694).
GRABSTELLE MIT KARTENKOORDINATEN: DÜSSELDORF Nordfriedhof (M.R. K.52/F.3495).

Lieutenant E. F. Herbert erwähnt gleich zu Beginn die „hervorragende Unterstützung der Forstmitarbeiter" im Wildpark – das ist übrigens auch fast 70 Jahre später nicht anders. Was folgt, beschreibt sowohl den Absturzhergang wie auch die Absturzstelle: „Am 12.12.1944 um 19.50 Uhr kam ein alliiertes Flugzeug im Gleitflug über Grafenberg. Als es sich dem Boden näherte, fiel ein Motor ab und das Flugzeug stürzte in eine Lichtung des Wildparks, den Lindenplatz, in Nähe der Rennbahnstraße. Beim Aufprall explodierte das Flugzeug und ging in Flammen auf. Zwei Stunden lang brannte das Wrack heftig, Munition explodierte fortlaufend. Aufgrund der Gefahr von noch nicht explodierten Bomben konnte sich niemand nähern. Der Vorgang wurde an die Wehrmacht übergeben.

Heute sind nur noch wenige, kleine Teile von dem Wrack übriggeblieben – es handelt sich bei den meisten lediglich um geschmolzenes Duraluminium. Auf einem solchen kleinen Teil stand die folgende Bauteilnummer:

           27 V 1785   R3
                     565

Ein Motor lag immer noch vor Ort, allerdings tief im Boden versunken. Auf dessen Ölkühler befanden sich folgende Angaben:

      OIL COOLER No. S. 3151   Type (?)
      A.M. 1063   B L S
      Pressure to 30 lbs/sq. inch.
      Patent Nos: 401497, 432048, 431561.

Danach geht er auf die Besatzung ein. „Dem Anschein nach befand sich die komplette Besatzung bereit zum Absprung. Die vier Opfer müssen sich noch im Flugzeug befunden haben, als der Motor abfiel. Durch diesen Umstand muss sich das Abspringen extrem schwierig gestaltet haben. Die drei Besatzungsmitglieder, die auf dem DÜSSELDORFER Nordfriedhof begraben wurden, wurden mit unvollständig geöffneten Fallschirmen auf dem Boden gefunden. Einer wurde auf einem Feld in der Nähe des Rotthäuser Wegs gefunden, östlich von GERRESHEIM, der zweite trug neuseeländische Schulterabzeichen und lag im Königsbusch, GERRESHEIM, und der dritte lag in der Nähe des Flugzeugs, bis zur Taille im Boden eingegraben. Dessen Fallschirm war kaum geöffnet. Die einstimmige Meinung der Zeugen, die das brennende Wrack gesehen haben, ist, dass jemand, der sich noch in dem Flugzeug befand, vollständig verbrannt sein muss. Falls F/O HALL tatsächlich schwer verletzt war, dann hatte er, nachdem der Motor abgefallen ist, offensichtlich keine Chance auch nur den Versuch zu unternehmen, aus dem möglicherweise heftig trudelnden Flugzeug abzuspringen. Es ist daher wahrscheinlich, dass er in dem Wrack ums Leben kam."

Anschließend geht der Lieutenant auf die Exhumierungen der drei in Düsseldorf begrabenen Besatzungsmitglieder ein, der er am 24. Oktober 1946 persönlich beigewohnt hat: „Eine Uniformjacke mit „CANADA"-Schulterklappen. N.C.A. Dienstgrad wurde lose bei F/O Veitchs Körper gefunden und muss F/Sgt. Patterson gehört haben."

Zum Schluss seines Berichtes kommt Herbert zu dem Fazit, dass es sich eindeutig um das gesuchte Flugzeug handelt und auch die drei auf dem Nordfriedhof beerdigten Besatzungsmitglieder diesem zuzuordnen sind. „Leider konnte kein Hinweis auf F/O Halls Körper gefunden werden, sodass sein Schicksal wie beschrieben sein dürfte. Die restlichen Besatzungsmitglieder sind entweder zu spät abgesprungen oder hatten zuvor große Schwierigkeiten, sodass sie nur aus geringer Höhe abgesprungen sind." Er beantragt, dass F/O HALL als „spurlos vermisst" zurückgestuft wird.

Damit ist offiziell für die Düsseldorfer Archäologen geklärt, dass es sich tatsächlich bei dem abgestürzten Flugzeug im Wildpark um den Lancaster-Bomber mit der Seriennummer ND342 und der Kennung PH-U handelt. Anhand der genannten Einflugrichtung und dem Fundort der Toten kann vielleicht die Flugroute nachvollzogen werden. Eine bereits zuvor erwähnte Vermutung, die aus dem Exhumierungsbericht hervorgeht, bestätigt Lieutenant Herbert: Reg Veitch ist tatsächlich in der Uniform seines Freundes John Patterson beerdigt worden.

Aber von Bert Hall gibt immer noch keine Spur. Ist er wirklich in dem brennenden Flugzeug umgekommen?

DER FALL „HILDEN"

Fast auf den Tag genau ein Jahr nach der Graböffnung des „unbekannten, kanadischen Soldaten" in Hilden verfasst am 25. August 1947 der britische Untersuchungsoffizier H. Goldstajn einen weiteren Bericht. Kurz erklärt er seine Beweggründe und bezieht sich auf Nachforschungen, die er auf dem Hildener Friedhof unternommen hat. Das besagte Grab ist mit einem hölzernen Kreuz und der Inschrift „Ein unbekannter Kanadier, gestorben am 12.12.44" versehen.

Es ist ungepflegt und mit Unkraut überwachsen. Die ersten Befragungen verschiedener Zeugen ergeben, „[...] dass der unbekannte Soldat mit dem Fallschirm abgesprungen ist und dass dieser im Haus des Bauern Kämpchen, Bruchhausen Süd 67a kollabiert [...]." Der Untersuchungsoffizier vernimmt insgesamt 13 Zeugen und erhält von diesen eine Fülle von Informationen.

Maria Kämpchen wohnt im Haus 67a. Sie gibt an, dass am 12. Dezember 1944 ein Flugzeug in niedriger Höhe vorbeifliegt. Zu diesem Zeitpunkt befindet sie sich mit weiteren Angehörigen des Hauses in einem naheliegenden Luftschutzbunker. Nachdem sich die Lage beruhigt hat, kehrt sie nach Hause zurück. Wenig später klopft jemand ans Fenster und läuft danach um das Haus. Dass es sich dabei um einen feindlichen Flieger handelt – damit rechnet sie nicht. Hätte sie sonst ihren erst 13 Jahre alten Sohn Harald nach draußen geschickt, damit dieser nach dem Rechten schaut?

Harald kehrt kurz darauf ins Haus zurück. Da sei ein „Tommy", so der Junge. Sehen konnte er ihn allerdings nicht. Dann klopft jemand erneut an das Fenster neben der Eingangstür. Als sie diese öffnet, fällt ihr ein alliierter Soldat, der sich offenbar von außen an die Tür gelehnt hat, entgegen und bricht im Hausflur zusammen. Der Sohn macht sich auf und holt seinen Großvater, Marias Vater A. Hummel. Der Bauer des Nachbarhofs, Christian Thiele, kommt ebenfalls dazu. Dessen Hof, der Thieleshof, liegt nur wenige Meter östlich, durch einen schmalen Weg getrennt. Die Adresse lautet damals Bruchhausen-Süd 65, heute Überhaan 65. Der Hof steht heute noch, die naheliegende Straße „Am Thieleshof" erinnert an diesen. Landwirtschaftlich genutzt wird er schon lange nicht mehr. Die meisten Gebäude sind mittlerweile zu Wohnraum umgebaut worden, in Ställen sind Pferde untergebracht.

Bei der Adresse Bruchhausen-Süd 67a handelt es sich nicht, wie heute üblich, um einen Straßennamen und eine Hausnummer, sondern um eine ehemalige Flurbezeichnung und die Nummer eines dort stehenden Hauses im heutigen Erkrather Stadtteil Unterfeldhaus. Dieses besteht im Jahr 1944 gerade einmal aus ein paar Bauernhöfen und weitläufigen Ackerflächen, während die Stadt Hilden damals etwa 25.000 Einwohner zählt.

Den Flieger bringt man gemeinsam ins Wohnzimmer. Maria Kämpchen stellt eine Kopfverletzung, die von der Schädelmitte über die linke Schläfe bis zum

Ohr verläuft, fest. Wie tief die Wunde ist, kann sie nicht erkennen, denn der Flieger blutet heftig. Die andere Seite des Kopfes scheint unverletzt zu sein. Eine weitere schwere Verletzung nimmt die Frau wahr: Der linke Arm weist einen offenen Bruch auf. Möglicherweise ist auch das Knie verletzt – da ist sie sich aber nicht sicher. Auf die Frage, welche Kleidung der Flieger trägt, erinnert sich Maria Kämpchen an eine Schwimmweste. Nein, einen Helm oder ein Fallschirm-

Obwohl diese Aufnahme aus den 1960er-Jahren ist, hat sich an der Bebauung und dem Gelände seit 1944 nicht viel geändert. Der Thieleshof und das Gebäude, in dem Bert Hall behandelt wurde, sind oben, unten ist der Hahnhof zu sehen. Foto: Stadtarchiv Hilden

Der Thieleshof heute. Der schraffierte Bereich stellt den damaligen Standort des Gebäudes Bruchhausen-Süd 67a dar. Foto: Thomas Boller

gurtgeschirr hat er nicht an. Aber auf der Uniform sieht sie ein kanadisches Abzeichen. Zwischenzeitlich treffen weitere Nachbarn ein, man durchsucht den Mann nach Waffen und nimmt ihm einige persönliche Dinge ab. Diese werden später der Polizei übergeben:

1) eine Schwimmweste
2) ein Paar Pelzstiefel
3) 3 Geldmünzen
4) 1 Verbandspäckchen
5) 2 Blechdosen mit Medikamenten

Und eine Erkennungsmarke? Diese findet niemand. Dann sagt der Verletzte etwas auf Englisch – aber das versteht hier niemand. Als die Ehefrau des Bauern Thiele ihm Wasser reicht, trinkt der Mann. Kurz darauf erbricht er Blut, Schleim und Nahrung. Danach rührt er sich nicht mehr, und es wird angenommen, er sei tot. Doch dann bewegt er sich wieder und Frau Thiele verbindet ihn mit dem Erste-Hilfe-Set, das der Flieger bei sich trägt, den Kopf.

In den letzten Monaten des Jahres 1944 sind Flugzeugabstürze im Großraum Düsseldorf an der Tagesordnung – und zwar sowohl auf alliierter wie auf deutscher Seite. Mitten in den Städten, auf den Feldern oder in den Wäldern liegen kurzzeitig Flugzeugwracks. Neben der Zerstörung, die diese anrichten, kommt die Gefahr von Munition, die sich an Bord befindet und jederzeit explodieren könnte. Ein besonderes Augenmerk haben die Deutschen auf die überlebenden Besatzungsmitglieder, die sich auf der Flucht befinden.
In einem Artikel der „Düsseldorfer Nachrichten" vom 13. Juli 1944 kann die Bevölkerung nachlesen, wie sie sich nach dem Absturz von Flugzeugen zu verhalten hat und dass bei Strafe vor dem unnötigen Umgang mit feindlichen Besatzungsmitgliedern gewarnt wird.

VERHALTEN DER BEVÖLKERUNG BEI FLUGZEUGABSTÜRZEN
[...]
Nach jedem Angriff größerer Feindverbände liegen dank den Erfolgen unserer Jagdflieger und Flak Trümmer abgeschossener Feindflugzeuge über das Land verstreut. [...]
Unverletzte Besatzungsmitglieder versuchen, wenn irgend möglich, sich durch Flucht der Gefangennahme zu entziehen. Ihre Uniformen lassen sich durch Abtrennen der Abzeichen leicht in unauffälliges Zivil ändern, wie sie auch von Berufstätigen, besonders Monteuren, bei der Arbeit und auf Reisen getragen werden.
Sie sind reichlich mit Geldmitteln versehen, um sich Fahrkarten und Reisebedarf kaufen zu können. [...]. In der Eisenbahn und auf Bahnhöfen ist von der Bevölkerung besonders auf Verdächtige zu achten, die dem Bahnpersonal und gegebenenfalls Wehrmachtsangehörigen oder Angehörigen der Parteiorganisationen zwecks Feststellung ihre Ausweise und Reiseziele zu melden sind. Die Anwesenheit eines anscheinend deutschen Begleitmannes bietet keine unbedingte Sicherheit, dass dieser nicht zu einer Flüchtlingsgruppe gehört.

Fahrer von Fernlastwagen und Führer von Lastkähnen auf Flüssen und Kanälen werden besonders davor gewarnt, Unbekannte mitzunehmen, da sie sich wegen aktiver Hilfeleistung bei der Flucht von Kriegsgefangenen schwersten Strafen aussetzen. […]."

Weiter wird auf die Gefahr von Munition und Bomben hingewiesen, aber auch das Plündern von Gegenständen an den Absturzstellen streng untersagt. „Hierunter fallen auch alle Gegenstände, die tote oder gefangene Besatzungsmitglieder bei sich haben, ihr persönliches Eigentum, Geld, Fluchtproviant und Fliegerkleidung. […]. Die Bewachungsmannschaften an den Absturzstellen haben Befehl, Plünderer sowie alle Personen, die sich ihren Anordnungen widersetzen, festzunehmen und notfalls von der Waffe Gebrauch zu machen."

In Hilden nimmt Polizeihauptmeister Dörner wenig später einen Anruf von „Ehefrau Christian Thiele" entgegen. So steht es in dessen Meldung vom 12. Dezember 1944[16]. Damals ist es üblich, die Ehefrauen mit dem Vornamen des Ehemanns zu betiteln – übrigens nicht nur in Deutschland. Nennt die Anruferin nicht die genaue Adresse vom Aufenthaltsort des verletzten Fliegers, Bruchhausen-Süd 67a? Dörner gibt in seinem Polizeibericht lediglich an, ein „englischer Fallschirmabspringer" sei im Ortsteil Loden- bzw. Giesenheide niedergegangen. Die Ortsteile befinden sich an der nördlichen Grenze Hildens, etwa 400 Meter südlich des Bauernhofs, in dem der Verletzte versorgt wird. Es heißt lediglich „in der Nähe des Hahnhofs" – was sachlich korrekt ist, denn der ist gerade einmal 200 Meter entfernt.

Dörner entsendet nach dem Anruf einen Krankenwagen samt Schutzpolizisten und informiert danach telefonisch den Hildener Bürgermeister Schomburg. Dieser befindet sich dem Protokoll zufolge gerade in Gegenwart von Dörners Vorgesetztem, Revierleutnant der Schutzpolizei Rummler, sowie dem Hildener NSDAP-Ortsgruppenleiter Heinrich Thiele. Als dieser erfährt, dass sich neben dem Hof seines Bruders Christian ein verletzter feindlicher Flieger aufhält, steigt er in sein Auto und fährt fort. Wenig später kommt er, die Fahrt wird keine 25 Minuten gedauert haben, am Haus Bruchhausen-Süd 67a an.
Seit etwa einer Stunde liegt hier bereits der verwundete Mann. Zunächst erkundigt sich Heinrich Thiele nach dem Fallschirm des Fliegers – aber diesen hat niemand gefunden.

Was daraufhin geschieht, ist sonderbar, denn der Ortsgruppenleiter befiehlt allen Anwesenden, das Haus zu verlassen. Maria Kämpchen folgt dem Aufruf nicht. Schließlich befinde sie sich in ihrem eigenen Haus und werde dieses nicht verlassen! Entgegen Maria Kämpchens Aussage behauptet Bauer Schulze-Düllo vom Hahnhof später allerdings dem Untersuchungsoffizier gegenüber, alle hätten das Haus auf Heinrich Thieles Befehl hin verlassen. War dieser doch mit dem Verletzen zeitweise alleine in dem Haus?

Aus dem britischen Verhörprotokoll geht nicht hervor, ob Heinrich Thiele mitbekommen hat, dass ein Krankenwagen mit einem Polizisten an Bord unterwegs ist. Wenig später bringen Heinrich Thiele, dessen Bruder Christian und Bauer Schulze-Düllo den Flieger aus dem Haus und legen ihn ins Auto des Ortsgruppenleiters. Der verlässt kurz darauf mit dem Verletzten den Hof.

DIE BRÜDER CHRISTIAN UND HEINRICH THIELE

Die Gebrüder Thiele sind die Söhne eines Landwirts aus Benrath, heute ein Düsseldorfer Stadtteil. Christian ist der Ältere und wird am 14. Januar 1889, Heinrich knapp vier Jahre später am 22. Oktober 1893 geboren. Beide werden später ebenfalls Landwirte. Am 1. Oktober 1932 tritt Christian Thiele in die NSDAP ein und ist für die Partei als Ortsbauernführer tätig.[17] Mit seiner Frau Auguste hat er drei Töchter und einen Sohn. Diesen, er ist der Jüngste, verliert er im Spätsommer 1943 mit nur 17 Jahren. Todesursache: Bombensplitterverletzungen im Gesicht durch Entzünden einer Fliegerleuchtbombe.[18]

Heinrich Thiele besucht die Volksschule und erhält später von seinem Vater und den Schwiegereltern einen eigenen Hof an der Gerresheimer Straße 183 in Hilden. Hier betreibt er zusätzlich eine Lohndrescherei. Der Hof ist heute überbaut. Aus Thieles Ehe mit Anna Wurt gehen zwischen 1916 und 1926 vier Kinder hervor. Politisch ist Thiele in Hilden zunächst wenig aktiv. Seit 1929 gehört er der Deutschnationalen Volkspartei an, nach deren Selbstauflösung tritt er der NSDAP bei. Bereits im darauf folgenden Jahr, am 7. Oktober 1930, ist Thiele Mitgründer der NSDAP-Ortsgruppe Hilden und lässt sich zum Ortsgruppenleiter ernennen. Diese Position baut Thiele in den folgenden Jahren kontinuierlich aus und wird schließlich zum mächtigsten Mann Hildens.

> Bereits vor seiner Zeit als Ortsgruppenleiter ist Heinrich Thiele schon einige Male mit dem Gesetz in Konflikt geraten. Er ist wegen Körperverletzung und Sachbeschädigung mehrfach vorbestraft. Hinzu kommen Widerstand, Beleidigung, Meineid und gefährliche Körperverletzung, sodass Thieles Vorstrafenregister insgesamt sieben Einträge aufweist.[19] Bis auf eine kurze Unterbrechung, bedingt durch einen Gefängnisaufenthalt, hält Thiele das Amt des Ortsgruppenleiters bis zum Kriegsende in Hilden inne.
>
> In „Die Anfänge des Hildener Jahrbuches – Persönliche Erinnerungen – Zugleich ein Beitrag zur Kulturgeschichte einer kleinen Stadt im Dritten Reich" findet der Begründer des Hildener Stadtarchivs Heinrich Strangmeier im Jahr 1964 klare Worte für den damaligen Hildener NSDAP-Ortsgruppenleiter: „Zwischen ihm und dem Nationalsozialismus bestand ein so hohes Maß von Übereinstimmung, dass er für dieses politische System geradezu prädestiniert war. Von hünenhafter Gestalt, breitschultrig, grobknochig, mit mächtigen Gliedmaßen und ungewöhnlichen Körperkräften ausgestattet, glich er einem Riesen, den die Überlegenheit seiner Arme dazu verführte, die Gewalt als das Bewegende und Entscheidende in der Welt anzusehen."

Nachdem Heinrich Thiele mit dem Verletzten den Hof Bruchhausen Süd 67a verlassen hat, kommt ihm nur wenig später die von der Polizei entsandte Besatzung des Krankenwagens entgegen. Das berichten sowohl der mittlerweile auf dem Rückweg zum Hahnhof befindliche Bauer Schulze-Düllo als auch der mit im Krankenwagen sitzende Reservepolizist Franz Bargon. Hierzu muss man wissen, dass es zwischen dem Thieleshof und dem Hahnhof keine Abzweigungen gibt. Den Aussagen zufolge müssen die beiden Fahrzeuge dementsprechend aneinander vorbeigefahren sein.

Warum übergibt Heinrich Thiele den Verletzten nicht der Krankenwagenbesatzung und ermöglicht ihm somit die weitere, dringend notwendige medizinische Versorgung? Den Männern im Krankenwagen zufolge haben diese erst auf dem Hof erfahren, dass Thiele den Verletzten mitgenommen hat. Anscheinend lebt der Kanadier beim Verlassen des Hofes noch – zumindest hat kein Zeuge das Gegenteil behauptet. Doch anstatt das nächstgelegene Krankenhaus in Hilden anzusteuern, hat Thiele ein anderes Ziel: den Hildener Hauptfriedhof.

Der Hauptfriedhof ist Hildens ältester Friedhof und liegt in der Nähe des Ortskerns. Die Entfernung zwischen dem Haus 67a in Bruchhausen-Süd und dem Friedhof beträgt etwa sechs Kilometer und ist im Jahr 1944 mit Hilden über einen Feldweg verbunden. Die heute querende Autobahn 46 wird erst später gebaut. Die Fahrzeit zum Friedhof beträgt weniger als 20 Minuten – vorausgesetzt, der Ortsgruppenleiter hat den Kanadier auf direktem Weg dorthin befördert.

Es dürfte mittlerweile nach 22 Uhr sein, das Eingangsportal des Friedhofs ist längst abgeschlossen. Offenbar kennt Heinrich Thiele die Adresse des Friedhofswächters Märtens nicht, denn er klingelt zunächst beim städtischen Monteur Schneider, der Märtens schließlich hinzuholt. Thiele wird die Leichenhalle geöffnet, Märtens und Schneider tragen den Toten dort hinein. Beiden fällt der heftig mit Mullverband umwickelte Kopf auf – und dass der Tote keine Schuhe trägt. Erneut geschieht etwas Fragwürdiges: Thiele befielt dem Friedhofswächter, den Leichnam am nächsten Tag umgehend zu begraben. Weshalb diese überstürzte und ordnungswidrige Vorgehensweise? Das sei doch illegal, erwidert Märtens. Dementsprechend hat er, so gibt er es dem Untersuchungsoffizier gegenüber an, später den Hildener Bürgermeister Walter Schomburg informiert. Doch den interessieren weder der Tote noch die Umstände, wie dieser ums Leben gekommen ist. Später weist Thiele ihn erneut an, den Leichnam zu begraben – was Märtens schließlich befolgt. Von Goldstajn zum Schluss der Vernehmung gefragt, ob der Tote eine Uniform getragen habe, bejaht Märten das und erinnert sich, dass diese lose auf dem Körper gelegen hat. Beerdigt hat er den Toten allerdings ohne Uniform – diese will er später in ein anderes Grab geworfen haben.

Der Hildener Ortsgruppenleiter Heinrich Thiele – Foto: Stadtarchiv Hilden

Zurück vom Friedhof und wieder in seinem Büro, erhält der Ortsgruppenleiter Besuch von Polizeihauptmeister Dörner. Thiele weicht den Fragen des Polizisten aus. Es findet dem Polizisten zufolge die folgende Konversation statt:

DÖRNER: Wo ist der verwundetet Flieger?
THIELE: Wo er hingehört.
DÖRNER: Er sollte im Krankenhaus sein.
THIELE: Da ist er auch.

Den Satz „Wo er hingehört" hat Goldstajn besonders hervorgehoben. Er fügt in dem in englischer Sprache verfassten Bericht hier den originalen deutschen Wortlaut ein – mit dem Hinweis, dass dieser auf Deutsch viel sarkastischer klingt als in der englischen Übersetzung.

Warum hat sich Dörner später, nachdem klar ist, dass kein Krankenhaus den Kanadier aufgenommen hat, damit zufriedengegeben? Noch einmal spricht er den Ortsgruppenleiter auf den Verbleib des Verletzten an. Jetzt blafft ihn Thiele harsch an und weist ihn zurecht, das gehe ihn nichts an.

Abschließend sorgt eine weitere Aussage des Polizisten Dörner gegenüber Goldstajn für Verwirrung: Er will erst im Mai 1945 erfahren haben, dass der Flieger in Hilden auf dem Friedhof begraben worden sei. Sonderbar, in der von ihm verfassten polizeilichen Meldung vom 15. Dezember 1944 ist zu lesen: „Heute habe ich festgestellt, dass die Leiche des feindlichen Fallschirmabspringers am Abend des 13. ds. Mts. in der Leichenhalle des hiesigen städt. Friedhofs an den Friedhofswächter Märtens durch den Ortsgruppenleiter Thiele abgeliefert worden ist. [...] Die Leiche ist am 14. ds. Mts. beerdigt worden."

Am 13. Dezember abgeliefert und am 14. beerdigt? Ein Blick in das Friedhofregister des Hildener Hauptfriedhofs offenbart ein anderes Bild: „Unbekannter kanadischer Flieger, angeliefert am 12. Dez. 1944". Das Datum der Beerdigung wird mit „16. Dez.", einem Samstag, angegeben. Sollte das Beerdigungsdatum korrekt sein, hätte der Tote tatsächlich mehrere Tage in der Leichenhalle gelegen.

Auch Dörners Vorgesetzter, Revierleutnant der Schutzpolizei Rummler, erfährt noch am selben Abend, dass Thiele den verletzten Flieger in keines der umliegenden Krankenhäuser gebracht hat. Von Dörner erhält er am darauffolgen-

Auszug aus dem Hildener Friedhofsregister „Unbekannter kanadischer Flieger, angeliefert am 12. Dez. 1944" – Foto: Thomas Boller

den Morgen den Bericht, den er an Bürgermeister Schomburg weiterleitet. Erst am 15. Dezember will er wiederum von diesem erfahren haben, dass Thiele den Toten zum Hildener Friedhof gebracht hat. Noch am selben Tag verschafft sich Rummler persönlich einen Eindruck vor Ort. Doch der Tote ist bereits beerdigt. Sonderbar: Steht im Hildener Friedhofsregister nicht, das die Beerdigung am 16. Dezember stattgefunden hat? Lediglich die blaue Uniformjacke mit kanadischen Schulterabzeichen liegt dort noch – diese will der Friedhofswächter ja später einem anderen Grab beigelegt haben. Jetzt reicht es dem Polizisten. Er fordert von Schomburg einen ausführlichen Bericht.

Das Verwirrspiel hält mit den Aussagen des Bürgermeisters Schomburg gegenüber Goldstajn an – denn auch diese widersprechen teils den anderen Zeugenaussagen. So will Schomburg zwar von dem „gefangenen Flieger" am Abend des 12. Dezember 1944 erfahren, mit Thiele darüber aber nicht gesprochen haben. Rummler hingegen gibt an, dass Thiele hinter Schomburg steht, als er den Anruf des Polizisten Dörners entgegennimmt. Erst zwei Tage später will der Bürgermeister das „Gerücht" erfahren haben, Thiele habe einen toten Flieger zum Friedhof gebracht.

Während Friedhofswächter Märtens gegenüber dem Untersuchungsoffizier zu Protokoll gibt, er habe Bürgermeister Schomburg über den toten Flieger unterrichtet und diesen hätten die Todesumstände nicht interessiert, lautet auch hier Schomburgs Aussage anders: Er habe persönlich den Friedhofswächter konsultiert. Doch der will zunächst keine Angaben über den Vorfall machen, „da er von Heinrich Thiele die Anweisung erhalten habe, über die Angelegenheit zu schweigen". Kurz darauf erzählt ihm Märtens „ganz aufgeregt", was sich in der besagten Nacht zugetragen hat. Schomburg spricht daraufhin den Ortsgruppenleiter an. Und es ergeht ihm wie zuvor dem Polizisten Dörner: Er bekommt zu hören, dass ihn das nichts anginge. Er, Thiele, sei dafür zuständig.

Bürgermeister Schomburg verfasst später den von Revierleutnant Rummler angeforderten Bericht. Rummler gibt Goldstajn gegenüber zu Protokoll, er habe die Unterschrift verweigert. Zum einen, weil er nicht der Verfasser gewesen sei, zum anderen, weil der Bericht inhaltliche Fehler aufgewiesen habe. Sonderbar, dass Schomburg dem Untersuchungsoffizier gegenüber zunächst leugnet, diesen von ihm unterzeichneten Bericht verfasst zu haben. Später jedoch gesteht er, den Namen „H. Thiele" vertuscht zu haben – weil er fürchten musste, dass ihm andernfalls Schwierigkeiten gedroht hätten ...

DER HILDENER BÜRGERMEISTER WALTER SCHOMBURG

Walter Schomburg hat das Amt des Bürgermeisters in Hilden von 1933 bis 1944 inne. Er und der Ortsgruppenleiter Thiele haben kein gutes Verhältnis zueinander – auch das beschreibt der Hildener Chronist Heinrich Strangmeier in seinen persönlichen Erinnerungen: „Nachdem er, zunächst durch besondere Umstände verhindert, im Laufe des Jahres 1933 Gelegenheit gefunden hatte, dem Nationalsozialismus seine freundlichen Gesinnungen zu bekunden, verfiel er bald in den hitzigen Eifer des Konvertiten, eine bekennerische Betriebsamkeit, die in Verbindung mit dem Mangel an Geschmack die erstaunliche Blüte trieb, sodass es sogar Altparteigenossen am Ort, den ‚Alten Kämpfern', manchmal des Guten zu viel schien und sie ihn spöttelnd einen 150prozentigen Nationalsozialisten nannten."

Weshalb Schomburg dem Nationalsozialismus „zunächst durch besondere Umstände verhindert" ist, erläutert Strangmeier wie folgt: „Walter Schomburg wurde zum Verhängnis, dass er vor 1933 als Bürgermeister in Radevormwald [1922 bis 1933] von dem bei einem Begräbnis niedergelegten Kranz der Ortsgruppe der NSDAP die hakenkreuzgeschmückte Schleife hatte entfernen lassen. Das kostete ihn, als der Nationalsozialismus an die Macht kam, seine Stelle. Im November 1933 wurde er zum Bürgermeister von Hilden bestellt. Bei der Hildener Ortsgruppe war es bald ruchbar geworden, welche politische Untat Walter Schomburg in der Vergangenheit auf sich geladen hatte. Die Folge war, dass Thiele und sein Kreis ihn ablehnten und alle Anstrengungen machten, ihn loszuwerden, wobei sie sich bedenkenlos der derben Mittel bedienten, die in diesen Kreisen gebräuchlich waren. So zogen sie einmal nach einem nächtlichen Gelage zum Hotel

> Monopol, wo Schomburg anfänglich wohnte, und warfen ihm die Fenster ein. [...] Als diese Methoden [...] nicht fruchteten, ließ man schließlich davon ab, fuhr aber fort, dem Bürgermeister das Leben schwerzumachen und seine kräftig dosierten politischen Loyalitätserklärungen zu überhören oder gar mit einer gewissen Heiterkeit aufzunehmen."

Goldstajn beendet seinen Bericht mit einem Verweis auf einen weiteren, nach Kriegsende am 25. Juni 1945 von Rummler an die britische Militärverwaltung verfassten Bericht. Dieser enthält im letzten Absatz eine brisante Aussage. Der nach dem Krieg von den Alliierten bestimmte neue Polizeiverwalter und Bürgermeister, Hermann Sayn[21], hat Rummler in einer Besprechung erzählt, „dass der Pkw des Thiele am Tag nach der Tat stark mit Blut verunreinigt gewesen sei und im hinteren Teil des Wagens ein schwerer mit Blut befleckter Schraubenschlüssel gelegen habe, an dem sich Menschhaare befunden hätten." Das haben ihm zwei Franzosen, die beim Ortsgruppenleiter Thiele Zwangsarbeit verrichtet haben, mitgeteilt.

Gibt es hier einen Zusammenhang zu den im Exhumierungsbericht genannten Schädelverletzungen? Auffällig ist, dass Rummler von einer Tat spricht. Die beiden Franzosen kann Goldstajn allerdings nicht mehr befragen – sie sind zwischenzeitlich in ihr Heimatland zurückgekehrt.

Bei einer abschließenden Betrachtung der Zeugenaussagen und Berichte wird deutlich, dass es einige Unstimmigkeiten gibt. Es scheint, als würden Dinge verklärt, vertuscht oder bewusst falsch wiedergegeben. Diese Vermutung hat auch der Untersuchungsoffizier Goldstajn. In seinem Fazit wird deutlich, wer für ihn der Hauptverantwortliche für den Tod des Fliegers ist: „Die Befragung mehrerer Zeugen zeigte, dass diese bestrebt waren, den Verdächtigen HEINRICH THIELE zu decken. Dies wurde auch dadurch deutlich, dass die Verletzungen, die dem Flieger vor oder während des Absprungs widerfahren sind, als sehr ernst dargestellt wurden. Ich habe das Gelände rund um den Bauernhof von Frau KÄMPCHEN sorgfältig untersucht. Um diesen Hof zu erreichen, musste der Flieger über mehrere Zäune klettern und Gräben. Mit den erlittenen Verletzungen, die bei der Obduktion festgestellt wurden, konnte er nicht weit gelaufen und erst recht nicht über Zäune geklettert sein."

Offenbar hat irgendwer den Kopfverband zwischen der Abholung vom Bauernhof und der Einlieferung des Leichnams auf den Friedhof gewechselt, so der Untersuchungsoffizier. Besondere Aufmerksamkeit solle dem Bericht der beiden französischen Hilfsarbeiter gewidmet werden.

Viele Fragen bleiben offen, werden wahrscheinlich nie geklärt werden. Sicherlich, Goldstajn befragt die Zeugen über zweieinhalb Jahre nach den Vorkommnissen auf dem Bauernhof bzw. in Hilden. Und er ist bei der Exhumierung auf dem Hildener Friedhof zugegen. Folglich ist es nachvollziehbar, dass er den Fokus seiner Fragen auf die Verletzungen des unbekannten Kanadiers legt. Es ist nicht auszuschließen, dass Informationen von denjenigen, die den verletzten Flieger im Haus Bruchhausen Süd 67a gesehen haben, sowie allen weiteren Beteiligten nur noch lückenhaft wiedergegeben werden können – oder bewusst verschwiegen werden. Wer muss vor Kriegsende in Unterfeldhaus oder Hilden „drohende Schwierigkeiten fürchten" – und vor allem: von wem?

Allen Befragten sind die Konsequenzen klar, falls sich herausstellen würde, dass die tödlichen Verletzungen dem Flieger vorsätzlich zugefügt wurden – von wem auch immer, bereits auf dem Bauernhof oder auf dem Weg zum Friedhof. Dann müssten alle Befragten fürchten, aufgrund von Mitwisserschaft bestraft zu werden. Hohe Gefängnisstrafen hätten gedroht – dem oder den Täter(n) gar die Todesstrafe. Der bereits beschriebene Lynchmord an den drei alliierten Fliegern auf der Wickenburgbrücke in Essen belegt das.

Für den Untersuchungsoffizier steht jedenfalls fest, dass der Hildener Ortsgruppenleiter aufgrund seines regelwidrigen Handelns in dem Fall eine zentrale Rolle spielt. Befragen kann er ihn allerdings nicht – denn Heinrich Thiele ist schon seit längerer Zeit untergetaucht … Eine wesentliche Frage bleibt somit weiterhin unbeantwortet: Wer ist der tote Kanadier?

Heinrich Himmler, Reichsführer SS und Chef der deutschen Polizei, hatte knapp ein Jahr zuvor, am 10. August 1943, folgenden Befehl erlassen „mit der Bitte um Unterrichtung der Befehlshaber der Ordnungspolizei und Sicherheitspolizei, die diese Weisung mündlich den nachgeordneten Dienststellen zur Kenntnis bringen sollen". Auch die Gauleiter sollen lediglich im direkten Gespräch unterrichtet werden: „Es ist nicht Aufgabe der Polizei, sich in Auseinandersetzungen zwischen deutschen Volksgenossen und abgesprungenen englischen und amerikanischen Terrorfliegern einzumischen."

Hatte eine solche Aussage vielleicht direkten Einfluss auf die Vorkommnisse in Bruchhausen-Süd und Hilden? Interessant erscheint in diesem Zusammenhang eine Besprechung des Hildener Kripobeamten Berg in der Düsseldorfer Kriminalpolizeileitstelle am 9. Dezember 1943, also ein Jahr zuvor. Es geht unter anderem um „Terrorflieger" und dass diese nicht von der Polizei zu schützen seien. Den Anwesenden wird erklärt: „Feindliche Flieger, die infolge Abschuß mit dem Fallschirm landeten, seien nicht unbedingt vor der Zivilbevölkerung zu schützen. Es könne nicht angehen, daß ein deutscher Volksgenosse wegen eines feindl. Terrorfliegers Schaden erlitte, indem der Beamte dann noch gegen deutsche Volksgenossen von seiner Waffe Gebrauch mache. Es sei gar nicht schlimm, wenn ein solcher Terrorflieger von der Zivilbevölkerung mal eine Abreibung erhielte."[22]

Von oberster Stelle verfasst Martin Bormann, Leiter der Partei-Kanzlei am 30. Mai 1944 ein Rundschreiben an die Reichs-, Gau- und Kreisleiter: „Englische und nordamerikanische Flieger haben in den letzten Wochen wiederholt im Tiefflug auf Plätzen spielende Kinder, Frauen und Kinder bei der Feldarbeit, pflügende Bauern, Fuhrwerke auf der Landstraße, Eisenbahnzüge usw. aus geringer Höhe mit Bordwaffen beschossen und dabei auf gemeinste Weise wehrlose Zivilisten – insbesondere Frauen und Kinder – hingemordet. Mehrfach ist es vorgekommen, daß abgesprungene oder notgelandete Besatzungsmitglieder solcher Flugzeuge unmittelbar nach der Festnahme durch die auf das äußerste empörte Bevölkerung an Ort und Stelle gelyncht wurden. Von polizeilicher und strafgerichtlicher Verfolgung der dabei beteiligten Volksgenossen wurde abgesehen."[23]

Die Ortsgruppenleiter sollen übrigens durch die Kreisleiter informiert werden – allerdings nur mündlich.

Die Untersuchungen zu dem unbekannten Kanadier auf dem Hildener Friedhof werden nach dessen Exhumierung und den Befragungen in Unterfeldhaus und Hilden fortgesetzt. In Hilden gibt es kein abgestürztes Flugzeug, welches dem toten Flieger zugeordnet werden kann. Bald darauf gerät der im Düsseldorfer Wildpark niedergegangene Lancaster-Bomber erneut in den Fokus der Untersucher: Mit an Bord hat sich ein Kanadier befunden, der immer noch als vermisst gilt: Bertram Edward William Hall. Aber warum soll ausgerechnet dessen Leichnam auf dem Hildener Friedhof liegen? Um das zu klären, werden rechtsmedizinische Untersuchungen durchgeführt. Diese basieren auf den bei der Exhumierung entnommenen sterblichen Überresten. Die daraufhin folgenden

Untersuchungsergebnisse werden zunächst kritisch hinterfragt. Man ist sich nicht sicher, ob diese mit Bert Halls Person übereinstimmen. Schließlich folgt am 19. Juni 1948 eine eindeutige Stellungnahme: Die Vermessung des rechten Oberschenkels, rechten Schienbeins sowie des rechten Oberarmknochens haben definitiv ergeben, dass diese mit der Körpergröße von Bertram William Edward Hall übereinstimmen. Ein weiteres Indiz sind die Zahnfüllungen der oberen Zähne. Als Referenz werden Berts Musterunterlagen sowie weitere medizinische Berichte zu Rate gezogen. Der unbekannte Kanadier auf dem Hildener Friedhof erhält somit 42 Monate nach der Bestattung seinen Namen und damit einen Teil seiner Persönlichkeit zurück. Es ist Bert Hall.

Bert Halls Grabkreuz auf dem Reichswaldfriedhof, Foto: Militärakte B. E. W. Hall

Erst im Februar 1949 erfährt Mary Isabel Hall, Berts Witwe, von der Royal Canadian Air Force, dass das Grab ihres Mannes auf dem Hildener Friedhof lokalisiert worden ist. Zu diesem Zeitpunkt liegt Bert längst auf dem Soldatenfriedhof im Reichswald. Endlich kann auch dort ein Grabkreuz mit seinem Namen angefertigt werden.

Dass Bert Hall auf einem Friedhof in Hilden seine Erstgrabstelle hat, ist auch den Düsseldorfer Archäologen bekannt. Ein befreundeter Luftfahrthistoriker, aus Wermelskirchen hat sie auf die Spur gebracht. Vor geraumer Zeit ist ihm aufgefallen, dass auf dem Reichswaldfriedhof nur drei Besatzungsmitglieder des Lancaster-Bombers ND342 nebeneinanderliegen, der vierte Tote aber fernab in einem anderen Gräberfeld liegt. Nachforschungen bei der Commonwealth War Graves Commission, die für die Betreuung der britischen Soldatenfriedhöfe zuständig ist, führen ihn nach Hilden. Die genaue Absturzstelle ist dem Historiker bislang unbekannt gewesen.

Dank des Hildener Stadtarchivs werden nun weitere Erkenntnisse gewonnen, so beispielsweise die bereits zitierten polizeilichen Meldungen oder die Charakterisierungen einiger damals Beteiligter.[24] Trotzdem ist in Düsseldorf zu diesem

Zeitpunkt noch nicht bekannt, was der britische Untersuchungsoffizier alles in Unterfeldhaus und Hilden kurz nach dem Krieg herausgefunden hat.

DIE LETZTEN MINUTEN AN BORD

Aus den Briefen der drei überlebenden Besatzungsmitglieder, dem Untersuchungsbericht über den Absturz, den Vorkommnissen in Unterfeldhaus und Hilden und nicht zuletzt den Erkenntnissen der ehrenamtlichen Archäologen lassen sich einige Rückschlüsse ziehen. Was hat sich während der letzten Minuten an Bord des Lancaster-Bombers zugetragen, was in den Stunden, Tagen und Jahren nach dem Absturz? Trotz einer Vielzahl an Details muss sich dennoch damit abgefunden werden, dass einige Fragen nur lückenhaft oder gar nicht beantwortet werden können. Vor diesem Hintergrund darf die nachfolgende Zusammenfassung lediglich als Rekonstruktionsversuch betrachtet werden.

Mindestens 22 Mal, für einige auch mehr, sind die Einsätze für Reg Veitch und dessen Besatzungsmitglieder einigermaßen glimpflich ausgegangen. Abgesehen von den psychischen Belastungen sind sie jedes Mal sicher und körperlich unversehrt in Wickenby gelandet. Am 12. Dezember 1944 verlässt sie, abends um kurz nach halb acht, unmittelbar nach dem Bombenabwurf über Essen, plötzlich und in diesem Augenblick völlig unerwartet das Glück.

Jack Kenworthy berichtet in seinem Brief an Frau Patterson vom 27. Mai 1945: *„Bei diesem, unserem letzten gemeinsamen Trip, hatten wir auf der gesamten Reise nach Essen mit Schwierigkeiten zu kämpfen."* Wobei Jack offen lässt, welche Art von Schwierigkeiten das sind. Den von Leutnant Gustav Mohr gesteuerten Messerschmitt-Jäger haben sie nicht kommen sehen: „Keiner der Bordschützen hat irgendetwas gesehen, so dass wir für ihn einer Zielscheibe gleichkamen." Die abgefeuerten 13 bzw. 20 mm starken Geschosse können den Lancaster-Bomber mit Leichtigkeit durchdringen – ihn förmlich durchsieben.

Bombenflugzeuge mögen massiv erscheinen, die Außenhaut besteht jedoch aus nur wenige Millimeter dünnem Leichtmetall. Die Waffenstände vorne, in der Mitte und hinten sind nicht etwa mit dickem Panzerglas geschützt – in den Metallprofilen eingerahmt, befinden sich lediglich Plexiglas-Scheiben. Was aus technischer und militärischer Sicht einleuchtend klingen mag, stellt für die Männer an Bord ein großes, potenziell tödliches Risiko dar: Das Flugzeug soll mit möglichst großer Bombenlast eine weite Strecke zurücklegen. Panzerungen stehen dem entgegen:

Sie erhöhen das Gewicht bei gleichzeitiger Reduzierung der Flugstrecke. Somit bleibt der Besatzung nur die Möglichkeit, den Luftraum sorgfältig auf feindliche Flugzeuge zu überwachen und sich im Falle eines Angriffs mit den acht Maschinengewehren zu verteidigen – oder durch geschickte Flugmanöver zu entkommen.

Im Inneren des Bombers zerbersten nach dem Angriff des deutschen Nachtjägers Instrumente, Geräte, Leitungen – letztendlich alles, was den Geschossen in die Quere kommt. Funken sprühen, in Sekundenbruchteilen werden massive Schäden angerichtet. Wenige Momente später fängt die linke Tragfläche Feuer. Harry Parry berichtet an Frau Patterson im Brief vom 30. Juli 1945: „Der Pilot informierte uns sofort, dass unser Treibstofftank in der Tragfläche Feuer gefangen habe und befahl uns, die Fallschirme anzulegen. Der Pilot versuchte gemeinsam mit dem Bordingenieur das Feuer unter Kontrolle zu bekommen. Es bestand allerdings die unmittelbare Gefahr, dass die gesamte Tragfläche explodieren könnte." Mit der Bemerkung, „das Feuer unter Kontrolle zu bringen", werden sicherlich auch die entsprechenden Feuerlöscher an den Motoren aktiviert worden sein.

Der Royal Air Force gegenüber erwähnt Jack Kenworthy im Mai 1944 etwas, dass weder er noch ein anderer in den Briefen an die Angehörigen wiederholt: „Ich entnahm dem Sprechfunkverkehr, dass wir brennen. Der Pilot ‚warf' das Flugzeug hin und her und versuchte so, das Feuer zu löschen – ohne Erfolg." Bei einem oder mehreren brennenden Motoren kann der Versuch unternommen werden, das Feuer durch das Einleiten eines Sturzfluges zu ersticken. Im besten Fall verlöschen die Flammen. Im schlimmsten passiert genau das Gegenteil: Durch den starken Fahrtwind wird das Feuer weiter angefacht, ähnlich einem Blasebalg, der in heiße Glut bläst.

Doch die Lage ist aussichtslos, das Feuer ist nicht einzudämmen, woraufhin Reg befiehlt: „Springt ab, Freunde, wir wurden getroffen ... Viel Glück, Jungs!!" Alle, außer John Patterson, quittieren den Befehl, legen ihre Fallschirme an und machen sich auf zu den zugewiesenen Notausgängen. Ihre Körper müssen voll Adrenalin sein, die so häufig geübten Szenarien in Notfallsituationen werden nun umgesetzt. Jack Kenworthys Aufgabe ist es nun, die vordere Notausstiegsluke zu öffnen. Diese ist im Notfall der sicherste Weg, den Lancaster-Bomber zu verlassen. Die Luke befindet sich vorne im Boden, in der Flugzeugnase. Jack legt zwei Riegel um, wodurch sich die Luke komplett aus ihrer Halterung nach innen herausnehmen lässt. Sie wird daraufhin durch die Öffnung im Boden nach draußen abgeworfen.

Reg richtet einen letzten Appell an den Bombenschützen: „Bist du schon raus, Ken? Ein bisschen dalli, Kumpel, die Tanks können jeden Moment explodieren." Offensichtlich nimmt er nicht wahr, dass der Verschluss der Luke zunächst klemmt. Aber kurz darauf ist der Notausgang frei, Jack Kenworthy, William Stevenson und Harry Parry springen der Reihe nach ab. Wenige Minuten zuvor hat Harry noch mitbekommen, dass sein Kamerad Bert Hall eine leichte Verletzung davongetragen hat: „Bert stand im Astrodrom, sprang runter, kam zu mir und sagte, er sei am Arm verletzt. Er hielt sich den linken Unterarm fest. Um ihn zu untersuchen, zog ich ihn auf den Sitz neben mir. Er schien in Ordnung gewesen zu sein, keine Panik oder sowas."

Das Astrodrom ist die bereits erwähnte kleine Plexiglaskuppel auf dem vorderen Rumpf des Lancaster-Bombers. Normalerweise dient es dem Navigator zur Ortung der Flugposition mittels der Sterne. Während des Nachtjägerangriffs steht hier allerdings Bert Hall, der Funker. Wahrscheinlich hat er bei der Suche nach feindlichen Flugzeugen die beiden Schützen unterstützt.

Beim Anlegen des Fallschirms hilft Harry dem Funker, weitere Unterstützung lehnt dieser dankend ab. Harry sieht noch, wie Bert im Inneren des Rumpfes über den Hauptspann des Flügels klettert. Er selbst macht sich auf zur Flugzeugnase. Dabei muss er an Reg Veitch vorbei, der mittlerweile auf dem Pilotensitz steht und immer noch das Steuer in den Händen hält. Obwohl ihm das Feuer bereits bedrohlich nahe ist, versucht der Pilot, das Flugzeug einigermaßen waagerecht in der Luft zu halten – und ermöglicht damit seinen Kameraden einen sicheren Ausstieg. Harry Parry ist der Letzte der Besatzung, der Reg Veitch lebend sieht.

Bert, soviel steht fest, begegnet auf dem Weg zum hinteren Notausgang Leslie Hunt, dem mittleren Bordschützen. Ob er John Patterson ebenfalls antrifft? Auch der befindet sich definitiv noch an Bord. Zwischen dem Notausgang und dem Arbeitsplatz des hinteren Bordschützen erstrecken sich der massive hintere Flügelholm, eine Falttür und dahinter zwei Schiebetürhälften, die zum drehbaren Waffenstand gehören. Während des Fluges sind alle Türen normalerweise geschlossen, und niemand hat direkten Sichtkontakt zum Heckschützen. John hat damit die einsamste Position im Flugzeug. Gesichert ist, dass Bert Hall vor den beiden Bordschützen abspringt – das ergibt sich aus den in dem Untersuchungsbericht genannten Fundstellen der ums Leben gekommenen Besatzungsmitglieder.

Direkt neben dem hinteren Notausgang befindet sich das große Doppel-Heckleitwerk des Lancaster-Bombers. Wäre es nicht denkbar, dass Bert Hall beim Absprung mit diesem kollidiert und sich dadurch die schweren Verletzungen zuzieht, von denen die Zeugen auf dem Bauernhof in Unterfeldhaus berichten? Oder öffnet sich sein Fallschirm nicht richtig? Ferner könnte er, in völliger Dunkelheit, hart gelandet oder mit irgendetwas zusammengestoßen sein. Hat er sich dabei zusätzlich zu der bereits im Flugzeug davongetragenen Verletzung den offenen Bruch am linken Arm zugezogen? Wäre ein Zusammenprall – womit auch immer – eine weitere Erklärung für die heftigen, rechtsseitigen Kopfverletzungen? Der britische Untersuchungsoffizier Goldstajn schließt das in seinem Fazit aus: „Die erlittenen Verletzungen des Fliegers können nicht vor oder während des Absprungs aus dem Flugzeug entstanden sein."

Neben den beiden Bordschützen befindet sich jetzt nur noch der Pilot an Bord. Bemerkenswert ist, dass sich der angeschossene Lancaster-Bomber bis zu Berts Absprung noch ziemlich genau auf der geplanten Rückflugroute bewegt. Offenbar gelingt es Reg Veitch trotz der massiven Beschädigungen, den vorgegebenen Kurs zu halten. Unmittelbar danach folgt ein Richtungswechsel nach Nordosten – dieser ist mit Sicherheit nicht geplant. Offenbar hat der Pilot des nachfolgenden Lancaster-Bombers Bert nicht mehr abspringen gesehen, denn er sieht nur drei Fallschirme.

In der Zwischenzeit haben sich die Flughöhe wie auch die Geschwindigkeit des schwer beschädigten Bombers wahrscheinlich deutlich reduziert. Bevor das nächste Besatzungsmitglied das Flugzeug verlässt, vergehen weitere sieben Kilometer Flug – bei minimaler Fluggeschwindigkeit wären das gerade einmal zweieinhalb Flugminuten. Treten unterdessen an Bord weitere Komplikationen auf? Hat sich, wie im Untersuchungsbericht vermutet, einer der Motoren von der brennenden Tragfläche gelöst und ist abgefallen? Spätestens dann wird das Flugzeug kaum noch steuerbar sein – es läuft im wahrsten Sinne des Wortes komplett aus dem Ruder. Möglicherweise gerät der Bomber daraufhin ins Trudeln, was bedeutet, dass es sich schnell um die eigene Achse dreht. Für die an Bord Verbliebenen wären die Konsequenzen verhängnisvoll: Verursacht durch die hohen Fliehkräfte, drückt es ihre Körper massiv gegen das Innere des Flugzeugrumpfs. Das macht ein Fortbewegen zum rettenden Notausgang oder das Abspringen nahezu unmöglich. Und zu alledem droht ihnen, bewusstlos zu werden. Sie sind im Flugzeug gefangen.

Ist es Leslie Hunt, der nach Bert Hall abspringt und den man später tot auf dem Feld am Rotthäuser Weg findet? Von ihm gibt es nach dem Angriff des deutschen Jagdflugzeugs noch ein Lebenszeichen: Leslie bestätigt den Befehl zum Absprung – daran erinnert sich Harry Parry. Eigenartig, der Waffenturm des mittleren Bordschützens befindet sich nur anderthalb Meter vom hinteren Notausgang entfernt. Warum ist er nicht längst vor Bert Hall abgesprungen? Die Überlebenden spekulieren, dass es möglicherweise auch beim Öffnen der hinteren Tür Probleme gegeben haben könnte. Trägt vielleicht auch Leslie Verletzungen davon, die er in der Kürze der Zeit den anderen über den Bordsprechfunk nicht mitteilen kann? Hat sich dadurch das Anlegen des Fallschirms verzögert?

Dass der Fallschirm des in der Nähe des Rotthäuser Wegs gefundenen Mannes, wie im Absturzbericht vermerkt, sich nicht vollständig geöffnet hat, kann vielfältige Ursachen haben. Fliegt der Bomber so tief, dass die Absprunghöhe bereits zu gering ist? Stimmt mit dem Fallschirm irgendetwas nicht? Eine weitere, bereits erwähnte Gefahr kommt hinzu: Im Gegensatz zum vorderen Notausstieg ist das Benutzen des hinteren Ausgangs deutlich gefährlicher – das Heckleitwerk befindet sich in unmittelbarer Nähe. Wie auch immer: Der Betroffene nähert sich viel zu schnell dem Boden – der Aufprall führt zu tödlichen Verletzungen. Ob es Leslie Hunt ist, kann nicht mehr geklärt werden.

Wann verlässt Reg Veitch das Flugzeug? Harry Parry berichtet, dass der „Skipper" mit dem Öffnen der Notausstiegsluke über dem Pilotensitz beschäftigt ist. Seltsam, denn laut Flughandbuch soll dieser Ausgang nur bei einer Notwasserung benutzt werden. Die Gefahr, beim Abspringen gegen irgendein Hindernis zu prallen – sei es gegen den mittleren Waffenstand auf dem Rumpf oder eines der beiden Heckleitwerke – ist groß. Zudem befinden sich unmittelbar links neben dem oberen Notausstieg der linke mittlere Propeller – und die brennende Tragfläche.

Reg weist Jack Kenworthy an, sich beim Öffnen der vorderen Luke zu beeilen. Er bekommt also mit, dass der Vorgang, warum auch immer, relativ lange dauert. Zu diesem Zeitpunkt stehen sowohl der Bordingenieur wie auch der Navigator neben ihm und warten, endlich in die Flugzeugnase absteigen zu können. Öffnet Reg daher prophylaktisch die Cockpitluke über sich? Aber vielleicht ist er auch der Meinung, dass in Anbetracht der prekären Gesamtsituation selbst der kurze Weg zum vorderen Ausgang zu riskant ist. Doch dann sieht er, wie die drei Kameraden, einer nach dem anderen, abspringen. Eigentlich gibt es für ihn jetzt keinen Grund mehr zu warten. Mittlerweile müssten auch die Kameraden im hinteren Bereich abgesprungen sein. Was ist ihm zum Verhängnis geworden? Möglicherweise das Trudeln des Bombers? Egal für welchen Notausgang er sich entscheidet: Er kann den Bomber zwar noch verlassen, sein Fallschirm öffnet sich aber nicht mehr vollständig.

Flight Lieutenant E. F. Herberts gibt in dem von ihm unterzeichneten Untersuchungsbericht einen klaren Fundort von Reg Veitchs Leiche an: Im „Königsbusch" in Düsseldorf-Gerresheim. Nachzulesen ist dies in Bert Halls Unterlagen, die im kanadischen Nationalarchiv in Ottawa aufbewahrt werden. Der „Königsbusch" ist ein Flurstück, das etwas weiter als zwei Kilometer Luftlinie südlich der Absturzstelle im Wildpark liegt. Heute stehen dort hauptsächlich kleinere Wohnhäuser sowie eine große Kleingartenanlage.

In der Annahme, dass Reg Veitch tatsächlich im „Königsbusch" aufgeschlagen ist, wäre der Lancaster-Bomber zuletzt führerlos geflogen. Das kommt gar nicht so selten vor. Es gibt Berichte, in denen Flugzeuge nach dem Absprung des Piloten noch viele, teils Hunderte Kilometer weitergeflogen sind. Im Fall von Lancaster ND342 wären es etwas mehr als zwei Kilometer.

An dieser Stelle sei auf eine Unstimmigkeit hinwiesen: In John Pattersons Militärunterlagen, die ebenfalls im kanadischen Nationalarchiv liegen, befindet sich eine maschinengeschriebene Abschrift des von Flight Lieutenant E. F. Herberts verfassten Berichts. Diese Kopie ist nahezu wortgleich und enthält das gleiche Anfertigungsdatum. Sonderbar: Hier wird der Königsbusch nicht erwähnt. Könnte es sein, dass es sich beim Königsbusch um eine fehlerhafte Ortsangabe gehandelt hat, die in der Kopie korrigiert worden ist? Interessant: Ganz in der Nähe des Absturzortes im Wildpark gibt es den „Godesbusch". Dies ist die ursprüngliche Bezeichnung des Grafenberger Waldes. Somit hätte auch Reg Veitchs Leichnam in der Nähe des Flugzeugwracks gelegen.

Warum kann sich John Patterson nicht retten? Normalerweise springt der Heckschütze im Notfall direkt aus dem Waffenstand. Das klingt einfacher, als es ist. John muss dafür zunächst die Schiebetüren hinter sich öffnen, um an seinen Fallschirm zu gelangen. Dieser befindet sich an einer Wandhalterung. Den Fallschirm in der Enge anzulegen, hat er häufig trainiert. Als nächstes muss der Waffenstand bis zum äußersten rechten oder linken Anschlag gedreht werden. Bei intakter

Hydraulik ist das schnell bewerkstelligt. Ohne diese Unterstützung ist das eine kraft- und zeitraubende Angelegenheit.

Hinzu kommt, dass der Heckschütze, je nach Anflugwinkel des deutschen Jägers, im unmittelbaren Schussfeld der abgegebenen Salven sitzt. Wird John Patterson bereits während des Angriffs tödlich verwundet? Die drei Überlebenden sind sich sicher, von ihm keine Rückmeldung gehört zu haben. Gegenüber Johns Eltern berichtet Jack Kenworthy: „Ich habe nicht gehört, dass John den Befehl „Abspringen" bestätigt hat. Jedoch weiß ich aufgrund der vielen gemeinsamen Flüge mit ihm nur allzu gut, dass er immer sehr ruhig war. Er hat sich niemals ohne besonderen Anlass oder nur auf Fragen von Reg oder den anderen zu Wort gemeldet. [...] Natürlich sprachen, unmittelbar nachdem wir getroffen und in Brand geraten sind, alle durcheinander und es ist sicherlich denkbar, dass auch John dabei war, aber in diesen Bruchteilen von Sekunden und der Geräuschkulisse war seine Stimme nicht auszumachen." Auch Harry Parry schreibt, dass alle, außer John den Befehl zum Absprung bestätigten. Verbleibt er bis zum Absturz im Wildpark im Flugzeug? Dann wäre er der im Absturzbericht als „Dritter" bezeichnete, der neben dem Flugzeug liegt. Zweifellos klären lässt sich auch das nicht.

WAS IST BERT HALL WIDERFAHREN?

Während die drei Überlebenden wenige Monate später in Briefen an die Hinterbliebenen die Ereignisse präzise beschreiben, die sich nach dem Beschuss des Nachtjägers an Bord bis zum eigenen Absprung abspielen, gestaltet sich die Rekonstruktion von Bert Halls Schicksal schwieriger. Was ihm genau am Abend des 12. Dezember in Unterfeldhaus und Hilden widerfahren ist, wird wahrscheinlich nie lückenlos geklärt. Letztendlich weiterhelfen können nur die polizeilichen Unterlagen und im Wesentlichen der Untersuchungsbericht des britischen Flight Officers H. Goldstajn sowie der Exhumierungsbericht.

Unmittelbar nach dem Absprung zieht Bert Hall die Reißleine seines Fallschirms. Er landet irgendwo in der Nähe des Bauernhofs in Bruchhausen-Süd, am südlichen Rand des heutigen Unterfeldhaus. In welcher körperlichen Verfassung sich Bert tatsächlich nach der Landung befindet, ist unklar. Üblicherweise hätte der Funker nach der Landung unverzüglich seinen Fallschirm versteckt – schließlich soll zu seiner eigenen Sicherheit nichts auf einen „feindlicher Fallschirmabspringer" hinweisen. Warum die befragten Zeugen behaupten, diesen nicht gefunden zu haben? Die hochwertige Fallschirmseide ist bei der Bevölkerung sehr beliebt, denn diese lässt sich hervorragend zweckentfremden: zu feinen Taschentüchern oder sogar als Brautkleid.[25]

Anschließend hätte Bert die Flucht angetreten. Zu seinen Ausrüstungsgegenständen gehören üblicherweise ein kleiner Kompass und eine Landkarte. Wo die eigenen Truppen zu diesem Zeitpunkt stehen, haben ihm die Offiziere in Wickenby während des Briefings am Nachmittag mitgeteilt. Wäre Bert, abgesehen von der Verletzung am Arm, die er während des Nachtjägerangriffs erlitten hat, weitgehend unversehrt, hätte er mit Sicherheit nicht freiwillig um Hilfe bei den Bewohnern des Hofes Bruchhausen-Süd 67a gebeten. Sollte er tatsächlich an der Tür des Hauses angeklopft haben, dann müssen seine Verletzungen so erheblich gewesen sein, dass er eine Flucht als sinnlos erachtet. Die vom Untersuchungsoffizier Goldstajn befragten Zeugen berichten von heftigen Verletzungen. Falls sich alles so zugetragen hat, wie die Anwesenden es schildern, wäre Berts Entscheidung, sich dem Feind zu stellen, nachvollziehbar – aus seiner Sicht die einzige Möglichkeit zu überleben.

Ein im September 2018 in Großbritannien erschienenes Buch „Missing Presumed Murdered"[26], das sich im Wesentlichen mit den Vorgängen auf der Wickenburgbrücke in Essen befasst, behandelt in einem Kapitel auch den Fall Bert Hall. Die Autoren haben sowohl Berts Exhumierungsbericht wie auch den dazugehörigen Untersuchungsbericht einem britischen Kriminalpolizisten und einer Pathologin vorgelegt. Der Polizist hält die Zeitzeugenaussagen auf dem Bauernhof in Unterfeldhaus für glaubwürdig. Diese sind nicht komplett deckungsgleich, sodass vermutlich keine Absprachen hinsichtlich der wesentlichen Vorkommnisse stattgefunden haben. Die Pathologin hinterfragt kritisch Berts beschriebene Verletzungen, dessen Weg vom Fallschirmlandeplatz zum Bauernhof und schließlich zum Hildener Friedhof. Sie hält es für plausibel, dass Bert sich schwere Verletzungen während des Ausstiegs aus dem abstürzenden Flugzeug oder später bei einer harten Landung mit dem Fallschirm zugezogen haben könnte. Mit einer stark blutenden Wunde am Kopf kann Bert durchaus auf dem Hof angekommen sein. Das erbrochene Blut, hervorgerufen durch nicht sichtbare kleinere Gesichtsverletzungen, kann durch Herunterschlucken in den Magen gelangt sein. Ebenso könnten Verletzungen im Bauchbereich dafür verantwortlich sein. Unwahrscheinlich ist, dass Bert mit den in dem Exhumierungsbericht aufgelisteten Schädelbrüchen und damit wahrscheinlich einhergehenden

Hirnverletzungen in der Lage gewesen ist, auch nur eine kurze Strecke zurückzulegen. Und mit einem Kopfschuss kann er den Hof unmöglich aus eigener Kraft erreicht haben. Sowohl der britische Kriminalpolizist wie auch die Pathologin kommen somit zu dem Schluss, dass Bert Hall die heftigen Kopfverletzungen erst nach Verlassen des Bauernhofs zugefügt worden sind. Soll der später von den Zeugen auf dem Hildener Friedhof beschriebene, stark bandagierte Kopf des Kanadiers diese kaschieren?

DAS GENFER ABKOMMEN ÜBER DIE BEHANDLUNG VON KRIEGSGEFANGENEN

Das Genfer Abkommen über die Behandlung der Kriegsgefangenen ist ein völkerrechtlicher Vertrag, der am 27. Juli 1927 verabschiedet und vom Deutschen Reich anerkannt worden ist. Daran hat sich bis Ende des Zweiten Weltkriegs offiziell nichts geändert. „Artikel 2. Die Kriegsgefangenen unterstehen der Gewalt der feindlichen Macht, aber nicht der Gewalt der Personen oder Truppenteile, die sie gefangengenommen haben. Sie müssen jederzeit mit Menschlichkeit behandelt und insbesondere gegen Gewalttätigkeiten, Beleidigungen und öffentliche Neugier geschützt werden. Vergeltungsmaßnahmen an ihnen auszuüben ist verboten."

Im Jahr 1949 wird das Genfer Abkommen durch die Genfer Konventionen ersetzt.

WIE ES DEN DREI ÜBERLEBENDEN ERGEHT

Wie ergeht es den drei Überlebenden nach deren Absprung aus dem Lancaster-Bomber? Wo sie exakt gelandet sind, ist nicht bekannt. Auf jeden Fall befindet sich zu diesem Zeitpunkt das Flugzeug noch auf der ursprünglich vorgegebenen Rückflugroute. Sie springen irgendwo zwischen Essen und dem heutigen Hildener Autobahnkreuz ab.

Harry Parry erleidet bei der Landung eine leichte Rückenverletzung und wird einen Tag später, am 13. Dezember 1944, in Düsseldorf gefangen genommen. Jack Kenworthy gibt nach dem Krieg an, dass er „auf einer Straße, zu deren einen Seite sich Häuser und auf der anderen ein Feld befunden haben," gelandet sei. Er kann sich, unverwundet, bis zum 15. Dezember 1944 durchschlagen. Dann wird er ebenfalls in Düsseldorf, an einer Rheinbrücke, aufgegriffen.

William Stevenson gelingt die längste und weiteste Flucht. Er marschiert stets nach Sonnenuntergang, im vermeintlichen Schutz der Dunkelheit – „vermeintlich", da deutsche Patrouillen, häufig auch Mitglieder der Hitlerjugend, nachts systematisch die Umgebung großräumig nach auf der Flucht befindlichen Feinden durchforsten. Das gilt besonders dann, wenn Besatzungsmitglieder abgestürzter Flugzeuge nicht gefunden und vermutlich überlebt haben könnten.

Über 80 Kilometer in vier Tagen schlägt sich der Bordingenieur durch. Das ist insofern eine bemerkenswerte Leistung, da unter diesen Umständen normalerweise kaum mehr als acht Kilometer Wegstrecke innerhalb von vierundzwanzig Stunden zurückgelegt werden. Schlussendlich sind es Mitglieder einer Flakbatterie, die William Stevenson am 16. Dezember in einem Wald bei Bocholt aufspüren.

In Gefangenschaft geratene alliierte Flieger werden grundsätzlich nach Oberursel zur sogenannten Auswertestelle West transportiert, einem Verhörlager der Luftwaffe. Geschulte deutsche Offiziere versuchen hier, den Gefangenen die unterschiedlichsten Informationen zu entlocken. Das gilt auch für Harry Parry, Jack Kenworthy und William Stevenson. Häufig werden die jungen Männer erst eingeschüchtert und anschließend in Erstaunen versetzt, denn sie werden wie Topspione vernommen. Woher sollen sie zum Beispiel über Detailwissen zu hochkomplexen, stationären Radaranlagen verfügen? Oder über zukünftige militärische Strategien? Anderseits: Woher sollen die deutschen Befrager wissen, ob es sich bei den Aufgegriffenen nicht tatsächlich um einen alliierten Spitzel handelt?

Jack Kenworthy wundert sich seinerseits über das Hintergrundwissen, das den Deutschen über den Absturz des Lancaster-Bombers vorliegt. Sie nennen ihm nicht nur die Kennung und sogar die Seriennummer – sondern auch, dass drei seiner Kameraden ums Leben gekommen sind. Jack allerdings hofft, dass es sich um eine Finte handelt. Erst nach dem Krieg erfährt er, dass man ihm die Wahrheit mitgeteilt hat.

William Stevenson wird ebenfalls mit authentischen Informationen konfrontiert: Ihm werden die Namen seiner ums Leben gekommenen Kameraden genannt – und dass man die beiden Überlebenden bereits vernommen hat.

Nach ein paar Tagen geht es weiter nach Wetzlar, wo sich das Durchgangslager Luft (kurz: Dulag Luft) befindet. Von hier aus werden alliierte Flieger in die über das gesamte Reichsgebiet verstreuten Stammlager Luft verteilt. Während Harry Parry Wetzlar bereits am 24. Dezember 1944 verlässt, verbleibt William Stevenson hier bis zum 12. Januar 1945. Für beide geht es weiter nach Barth an die Ostsee ins Stalag Luft I. Das Lager gilt als recht human, es werden sogar von Gefangenen inszenierte Theaterstücke aufgeführt. Es ist kaum zu glauben, dass die Gefangenen dort von nun an am meisten mit der Langeweile zu kämpfen haben. William Stevenson und Harry Parry werden in diesem Lager im Mai 1945 von alliierten Truppen befreit.

Nach dem Verhör- und dem Durchgangslager wird Jack Kenworthy kurz vor Weihnachten auf den Weg ins Stalag Luft VII gebracht. Dieses befindet sich im oberschlesische Bankau, ca. 110 Kilometer östlich von Breslau. Dort kommt er am Zweiten Weihnachtsfeiertag an. Die Lagerbedingungen sind auch hier einigermaßen erträglich. Weihnachten kommt Jack in den Genuss eines unter den Gefangenen eingespielten Theaterspiels, es gibt ein Konzert mit Chorgesang.

Bereits drei Wochen später ändert sich alles in dem Lager, für Jack und seine Mitgefangenen steht eine Tortur an. Was sie noch nicht wissen: Für viele wird es ein Todesmarsch. Die vorrückende russische Armee veranlasst die Deutschen, fluchtartig das Gefangenenlager aufzulösen und zu verlassen. Es folgt ein 252 Kilometer langer Fußmarsch von Bankau zum Stalag III A ins brandenburgische Luckenwalde – im eisigen Winter und mit unzureichender Kleidung. Die Gefangenen erhalten keine medizinische Versorgung, Nahrung gibt es ebenfalls nur äußerst spärlich. Viele überleben die unmenschlichen Strapazen nicht – sie bleiben wortwörtlich auf der Strecke.

Jacks Gefangenschaft endet am 9. Mai 1945. Auch er wird von alliierten Truppen befreit. Vier Tage später gibt er zu Protokoll: „Wir wurden von den deutschen Wachmannschaften sehr schlecht behandelt, Wasser wurde häufig verweigert. In den 21 Tagen erhielt ich 2 ⅔ Laib Brot und 11 Tassen Suppe. Nach dem Fußmarsch wurden wir mit 64 Männern für drei Tage und Nächte auf einen LKW gepfercht, den wir nicht verlassen durften. Viele litten an der Ruhr."

Nach dem Krieg wird Jack in seiner Heimat Vorträge über seine Erlebnisse während der Kriegsgefangenschaft halten.

BEWERTUNG DER ZEITZEUGENAUSSAGEN

Nun, nachdem der offizielle Absturzbericht den ehrenamtlichen Archäologen vorliegt, erscheinen einige von den Zeitzeugen genannte Details in einem anderen Licht – verbindlich geklärt werden können diese trotzdem nicht.

„Am 12.12.1944 um 19.50 Uhr kam ein alliiertes Flugzeug im Gleitflug über Grafenberg." Ist das das brennende Flugzeug, das die Dame über Grafenberg gesehen hat?

„Ein Motor lag immer noch vor Ort, allerdings tief im Boden versunken." Ist das die Bodenvertiefung, in der der Feuerlöscher und das Motoranlasserschild gefunden werden? Die Frage nach dem „Made in USA" ist zwischenzeitlich geklärt, da die Motoren von der Firma Packard aus den USA stammen. Ein Schreiben, das sich in den Untersuchungsunterlagen befindet, listet sogar die genauen Typenbezeichnungen und Seriennummern der „Merlin"-Motoren auf:

Motorposition	Typenbezeichnung	Seriennummer	Startleistung
Tragfläche, links außen	Merlin 28	1883/266387	1.300 PS (969 kW) bei 3.000 U/min
Tragfläche, links innen	Merlin 28	A 16581/AF-251577	1.400 PS (1.044 kW) bei 3.000 U/min
Tragfläche, rechts außen	Merlin 28	A 15905/AF-42-250901	1.400 PS (1.044 kW) bei 3.000 U/min
Tragfläche, rechts außen	Merlin 28	A 17421/AF-42-252417	1.400 PS (1.044 kW) bei 3.000 U/min

In seinem Untersuchungsbericht notiert der britische Offizier: „Als es sich dem Boden näherte, fiel ein Motor ab [...]" und weiter „Durch diesen Umstand muss das Abspringen sich extrem schwierig gestaltet haben." Bei dem hier erwähnten Motor kann es sich nicht um den gleichen handeln, der im Jahr 1946 noch im Wildpark liegt. Da dieser dicht neben dem Flugzeugwrack liegt, ist davon auszugehen, dass er sich bis unmittelbar vor dem Aufprall an der Flugzeugtragfläche befunden hat. Anscheinend hat sich kurz zuvor ein anderer Motor gelöst. Ist so möglicherweise die Beobachtung des Zeitzeugen, der sich an die Bergung von zwei Motoren nahe des Rotthäuser Wegs erinnert, zu erklären? Nicht dokumentiert ist, wie viele von den ursprünglich vier Motoren unmittelbar nach dem Absturz auf dem Gelände des Wildparks liegen. Falls das Räumkommando wenig später lediglich einen Motor abtransportiert und einen weiteren, den der Untersuchungsoffizier vorfindet, dort belassen hat – dann könnten in der Nähe des Rotthäuser Wegs zwei Motoren gelegen haben.

„[...] und das Flugzeug stürzte in eine Lichtung des Wildparks, dem Lindenplatz in

Nähe der Rennbahnstraße. Beim Aufprall explodierte das Flugzeug und ging in Flammen auf." Und weiter: „Heute sind nur noch wenige kleine Teile von dem Wrack übriggeblieben – es handelt sich bei den meisten lediglich um geschmolzenes Duraluminium." Für die ehrenamtlichen Archäologen bestätigt sich damit die Vermutung, dass die geschmolzenen Aluminiumteile auf der Wiese im Rotwildgehege, ganz in der Nähe des „Lindenplätzchens", auf einen heftigen Brand hinweisen.

Die drei Besatzungsmitglieder [...] wurden mit unvollständig geöffneten Fallschirmen auf dem Boden gefunden. Einer in freiem Gelände in der Nähe des Rotthäuser Wegs, östlich von GERRESHEIM, [...]

Auch die zunächst suspekte Aussage des Zeitzeugen, dessen Großmutter am Rotthäuser Weg einen toten Flieger in seiner Kanzel hat liegen gesehen, wird nach dem Bekanntwerden des Absturzberichts wieder präsent und könnte nun anders bewertet werden. Anfangs besteht die Vermutung, dass mit „Kanzel" einer der Waffenstände – entweder der obere oder der hintere gemeint sein könnte. Es gibt Fotos von verunglückten Flugzeugen, wo genau das geschehen ist. Zumeist sind Bombenabwürfe von höher fliegenden Bombern oder Bruchlandungen die Ursache. Der Untersuchungsbericht erwähnt lediglich, dass der Fallschirm sich nicht vollständig geöffnet hat. Eine „Kanzel" oder etwas Vergleichbares wird nicht genannt, sodass davon auszugehen ist, dass hier eine fehlerhafte Information vorliegt. Übereinstimmend mit der Zeitzeugenaussage ist das Auffinden eines Toten am Rotthäuser Weg.

Im Kapitel, das sich mit den letzten Minuten an Bord befasst, wird spekuliert, dass es sich bei dem Toten um Leslie Hunt handeln könnte. Harry Parry will unmittelbar nach dem Angriff des Nachtjägers ein Lebenszeichen von ihm wahrgenommen haben. Hat er den Absprung doch noch geschafft?
„[...] der zweite trug neuseeländische Schulterabzeichen und lag im Königsbusch, GERRESHEIM, [...]" Bei dem hier beschriebenen Toten kann es sich nur um Reg Veitch handeln. Zeitzeugen oder weitere Dokumente, die das bestätigen, sind wiederum nicht bekannt. Wie zuvor erwähnt, könnte statt des Königsbuschs auch der Godesbusch gemeint gewesen sein.
„[...] und der Dritte lag in der Nähe des Flugzeugs, bis zur Taille im Boden gegraben. Dessen Fallschirm war kaum geöffnet." Hier gibt es Übereinstimmungen zu den Beobachtungen, die der Junge mit seinem Vater am Tag nach dem Absturz macht: „Dort lag ein toter Kanadier, sein Fallschirm hat sich nicht ganz

geöffnet, seine Beine waren gebrochen. [...] Der Mann war 23 Jahre alt." John Patterson kommt hier infrage. Der ist zwar Kanadier, allerdings erst 21 Jahre. Tatsächlich ist Leslie Hunt 23 Jahre alt – er ist allerdings Engländer. Gestützt auf die Aussagen der überlebenden Besatzungsmitglieder, dass niemand an Bord mehr etwas nach dem Nachtjägerangriff von John gehört hat, wäre es denkbar, dass er derjenige ist, der unmittelbar neben dem Flugzeug liegt.

Und das aufblasbare Rettungsboot auf der Straße? Lancaster-Bomber führen, verstaut in der rechten Tragfläche, tatsächlich ein Rettungsboot mit. Drei manuelle Auslösemöglichkeiten gibt es: einen Schalter im Cockpit, einen weiteren im hinteren Teil des Rumpfes sowie einen dritten außen neben der Ein- und Ausstiegstür. Es ist gut denkbar, dass das Boot unkontrolliert aus der brennenden Tragfläche herauskatapultiert ist. Mit Sicherheit hat niemand das Rettungsboot bewusst ausgelöst. Warum auch?

NOCH EINMAL THIELE

Am 16. April 1945 marschieren die Amerikaner in Hilden ein und nehmen den Ortsgruppenleiter Thiele aufgrund seiner gesellschaftlichen und politischen Position fest. Es folgen Aufenthalte in Gefangenenlagern in Solingen-Ohligs, Remscheid-Hasten, Sinzig und schließlich in einem Remagener Lazarett. Dort wird Thiele am 28. Juni 1945 freigelassen. Wie kommt es dazu? Weiß niemand, dass er ehemaliger NSDAP-Ortsgruppenleiter ist? Zumal er mit Haftbefehl gesucht wird. Als Thiele erfährt, dass ihm im Falle einer Rückkehr nach Hilden die Festnahme droht, taucht er kurzerhand im niederrheinischen Brünen, heute ein Ortsteil von Hamminkeln, bei einer Witwe unter. Das Weseler Arbeitsamt weist ihr am 13. November 1945 Thiele als Landarbeiter zu. In den kommenden Jahren verrichtet er hier landwirtschaftliche Arbeiten.

In einem späteren Vernehmungsprotokoll bescheinigt die Witwe ihrem Landarbeiter gute Arbeitsleistung und erklärt, dass Thiele im Juli 1948 seine Stellung freiwillig bei ihr aufgegeben habe. Dessen Vorgeschichte ist ihr angeblich nicht bekannt.[27]

Etwas mehr als drei Jahre, nachdem er untergetaucht ist, kehrt Heinrich Thiele am 10. Juli 1948 nach Hilden zurück. Er wird beim Meldeamt vorstellig – und zwei Tage später festgenommen. Der Haftbefehl lautet: „Der Landwirt Heinrich Tiehle, Hilden, [...] ist zur Untersuchungshaft zu bringen. Er wird beschuldigt, zu Hilden in der Nacht vom 9. zum 10. November 1938 als Rädelsführer mit einer Menschenmenge, die sich öffentlich zusammengerottet hatte, mit vereinten Kräften gegen Personen Gewalttätigkeiten begangen zu haben und durch dieselbe Handlung andere aus rassistischen und politischen Gründen verfolgt zu haben."[28]

In der Nacht vom 9. auf den 10. November 1938 werden in Hilden während der Reichspogromnacht drei Menschen jüdischen Glaubens ermordet, drei weitere begehen Selbstmord, einer stirbt an den Folgen der Verletzungen bzw. an Aufregung.[29]

Einen Tag nach der Festnahme wird Thiele ins Gefängnis nach Düsseldorf-Derendorf, bekannt als „Ulmer Höh", überführt. Der folgende Prozess gegen ihn findet ebenfalls in Düsseldorf statt. Nur an einer Stelle, in einer Verfügung der Oberstaatsanwaltschaft vom 6. Juli 1948 und somit vor der Ausstellung des Haftbefehls, wird der Tod des Kanadiers Bert Hall erwähnt. Der Mitangeklagte Buchbinder berichtet, Heinrich Thiele soll wegen der Erschlagung eines kanadischen Fliegers nach einem Flugzeugabsturz im Jahre 1943 oder 44 zur Rechenschaft gezogen worden sein. Buchbinder gab diese Schilderung als ein allgemeines Gerücht, das im Internierungslager Recklinghausen kursierte, wieder. [30]

Das Urteil gegen Thiele wird am 23. Dezember 1948 [31] verlesen: Freispruch aus Mangel an Beweisen. Das Gericht argumentiert: „Sicherlich war der Angeklagte in der damaligen Zeit als Ortsgruppenleiter eine einflussreiche Persönlichkeit, die in öffentlichen Angelegenheiten der Stadt ein gewichtiges Wort mitzusprechen hatte. Der Garant der öffentlichen Ordnung war er jedoch nicht. Diese zu wahren, war auch damals Sache der Ortspolizei. Deren Aufgabe wäre es gewesen, bei Störungen der öffentlichen Sicherheit und zum Schutz von Privatpersonen einzugreifen. Auch aus seiner Stellung der Allgemeinheit gegenüber war der Angeklagte Thiele daher rechtlich zu einem Eingreifen nicht verpflichtet. In diesem Zusammenhang ist darauf hinzuweisen, dass moralische Verpflichtungen innerhalb dieser Beurteilung außer Betracht zu bleiben haben – sie allein können nie eine Rechtspflicht zum Handeln begründen."[32]

Die Todesumstände von Bert Hall am 12. Dezember 1944 werden in dem Prozess nicht weiter thematisiert. Auch später hat es weder eine gesonderte Anklage noch einen Prozess dazu gegeben, dem Internationalen Forschungs- und Dokumentationszentrum für Kriegsverbrecherprozesse in der Philipps-Universität

Marburg liegen diesbezüglich ebenfalls keine Hinweise vor. [33] Heinrich Thiele kehrt als freier Mann auf seinen Hof in Hilden zurück und stirbt am 27. Februar 1968 im Alter von 74 Jahren. Begraben liegt er auf dem Hildener Hauptfriedhof – nur wenige Meter entfernt von Bert Halls damaliger Grabstelle.

Sechs Jahre später ist es noch einmal der Hildener Chronist Heinrich Strangmeier, der in seinen Aufzeichnungen auf Thiele zurückkommt. Am 6. Februar 1974 notiert er: „Während des Krieges habe ich selbst das Gerücht vernommen, dass als im Norden Süden (?) [so in der handschriftlichen Notiz markiert] Hildens ein kanadischer Flieger hätte notlanden müssen, Heinrich Thiele mit seinem Auto zur Notlandestelle geeilt sei und den unversehrten Flieger mit einem Schraubenschlüssel erschlagen und dann den Toten mit seinem Wagen zur Leichenhalle des städt. Friedhofes gebracht habe. Da ich dieses Gerücht auf seinen Wahrheitsgehalt nicht nachprüfen konnte, habe ich es nicht aufgezeichnet.
 Als ich im Herbst 1969 eine ältere Frau aus einer wohlsituierten Hildener Bauernfamilie – also aus einer vergleichbaren Gesellschaftsschicht, der auch Thiele entstammte – über ihre Erinnerungen aus den letzten Kriegstagen ausfragte, kam sie schließlich auch auf Thiele zu sprechen. „Der Thiele Hein," – so sprudelte es lebhaft hervor – „der war gar nit so übel, ne, der war gar nit so übel – aber dat mit dem Kanadier, dat hätt er nit tun dürfen, nä dat hätt er nit tun dürfen!" Die Frau sah in mir offensichtlich einen Sympathisanten der Nazis, der „es auch wusste".

Heinrich Strangmeier hat seinerzeit das Gespräch nicht vertieft, aber notiert, dass er seitdem davon überzeugt ist, dass Thiele den Kanadier ermordet hat. [34]

DIE LETZTEN BRIEFE

Jack Kenworthy und die Pattersons bleiben noch lange in Kontakt. Ende Juli 1945 erhält Myrthe Patterson einen bewegenden Brief: *„Am 4. Juli habe ich geheiratet. Vielleicht hat John erwähnt, dass ich ursprünglich vorhatte, im Januar zu heiraten. John sollte der Platzanweiser für unsere Gäste sein, Reg mein Trauzeuge. Es war bereits alles arrangiert und die Besatzung hat sich darauf gefreut. Ich habe sie fürchterlich vermisst, Frau Patterson. Harry war nun mein Trauzeuge. Bei der Begrüßung wurde ein Toast auf John, Reg, Les und Bert gesprochen. Ich hatte mit den Tränen zu kämpfen und fühlte mich so untröstlich an diesem Tag, der für mich ein so glücklicher sein sollte."*

Keine Ruhe lässt den Eltern – und vielleicht auch Elinor – die Frage nach Les Hunts 18-jähriger Schwester, die John erstmals in einem Brief vom 21. Mai 1944 erwähnt. Hat er seinerzeit vielleicht doch ein Verhältnis mit ihr? Er selber dementiert das. Nun bestätigt auch Jack Kenworthy, dass er nicht fremdgegangen ist. *„Ich versichere Ihnen, dass Elinor sein einziges Mädchen war. Klar, die Mädchen mochten ihn sehr, aber das änderte nichts daran. Wir gingen ausschließlich als Besatzung aus und John machte nie Anstalten, mit Mädchen auszugehen. Bei einem unserer Urlaube traf er mal ein nettes Mädchen in Edinburgh, Schottland. Diese Freundschaft war aber rein platonisch. Er erzählte mir auch von Pat in den Staaten [USA] und obwohl er ihre Freundschaft sehr schätzte, hatte sie nicht den gleichen Stellenwert wie die zu Elinor."*

Vielleicht kann Jack den Eltern auch eine weitere Frage beantworten: Was hat sich am 28. August 1944 zugetragen? John erwähnt dieses Datum in einem seiner Briefe. Damals hat er erst wenige Einsätze absolviert. *„Ich habe mein Log-Buch noch nicht zurückerhalten und kann dementsprechend das Datum nicht gegenprüfen. Wir hatten allerdings einige sehr unangenehme Trips über Deutschland. Man spricht nicht darüber, sogar meine Eltern wissen nichts von alledem. Ich kann allerdings so viel sagen, dass wir um den 28. August einige sehr ‚heikle Dinge' erlebt haben. Einmal haben wir einen Motor über dem Englischen Kanal verloren und vollendeten unseren Trip zum Ziel mit drei Motoren."* Einen Motor „verloren" ist hier sprichwörtlich gemeint; tatsächlich wurde ein defekter Motor abgestellt.
Jack fährt fort: *„Mit kompletter Bombenlast haben wir dadurch natürlich an Höhe verloren und flogen auf 5000 Fuß [1.500 m] unter allen anderen [Flugzeugen]. Dabei hatten wir drei Attacken durch Nachtjäger auf dem Hinflug und zwei auf dem Rückflug. Hinzu kamen Schwierigkeiten aufgrund von Suchscheinwerfern und der Flak. Es tut mir leid, aber das ist nur einer von vielen. In der Tat haben wir bei einem anderen Trip die Kontrolle über unser Flugzeug verloren und erhielten den Befehl zum Absprung. Aber wie durch ein Wunder kamen wir sicher durch. Über dieses Ereignis hat John nie gesprochen. Ich schreibe das nur um zu verdeutlichen, dass das am 12. Dezember sehr ähnlich war."*

Dass Jack auch nach dem Krieg nicht über kritische Situationen, die sich an Bord während der Einstätze zugetragen haben, spricht, ist bezeichnend und nicht unüblich. Das Wenige, das er den Pattersons mitteilt, reicht aus, um sich vorzustellen, wie lebensgefährlich jeder Einsatz gewesen ist.

Wahrscheinlich haben Johns Eltern nie erfahren, was sich am 28. August 1944 konkret zugetragen hat. Gemeint ist der Einsatz auf die Opel-Werke in Rüsselsheim. Details gibt Reg Veitch in Wickenby nach der Rückkehr im Einsatzbericht wieder, der zum damaligen Zeitpunkt allerdings der Geheimhaltungspflicht unterliegt. Dabei wird klar, wie schmal der Grat zwischen dem von Jack beschriebenen „wie durch ein Wunder kamen wir sicher durch" und dem Tod ist:

„1.02 Uhr, 14.500 Fuß [4.400 Meter], Position 4937N/0849E, Hinflug
Der Funker F/O B. E. W. Hall hat über ‚Fishpond' [Radargerät zur Ortung feindlicher Flugzeuge] ein feindliches Flugzeug lokalisiert und gab den Befehl zum ‚Corkscrew'. Der Heckschütze Sgt. J. R. Patterson sichtete in 400 Yards [365 Meter] Entfernung einen Focke-Wulf-190-Jäger, der das Feuer eröffnete. Der Heckschütze gab 200 Schüsse ab, der Jäger erwiderte bis auf eine Entfernung von 150 Yards [137 Meter] und ließ dann an der Steuerbordseite von uns ab. Erschwert wurde das Ausweichmanöver durch den zuvor abgestellten, rechten äußeren Motor, dessen Propeller sich in Segelstellung befanden."

Jeder an Bord kann ein Korkenzieher-Ausweichmanöver anweisen. Daraufhin leitet der Pilot einen Sturzflug nach rechts oder links ein, fängt das Flugzeug ab, zieht es in die entgegensetzte Richtung wieder hoch und überschreitet die anfängliche Flughöhe, um erneut in einen Sturzflug überzugehen. Die Belastung an das Material und die Besatzung sind enorm, dem Angreifer wird allerdings das Anvisieren und Zielen dadurch stark erschwert. Es wird von erfahrenen deutschen Piloten berichtet, die sich davon haben nicht beirren lassen. Diese sind einfach geradeaus weitergeflogen und haben gewartet, bis sich der Bomber nach dem Abtauchen und anschließenden Aufsteigen wieder genau vor ihnen befunden hat.

Nur drei Minuten später folgt die nächste Attacke:
„1.05 Uhr, 14.500 Fuß [4.400 Meter], Position 4940N/0843E, Hinflug
Der Heckschütze sichtet Backbord einen Focke-Wulf-190-Jäger in einer Entfernung von 300 Yards [275 Meter]. Der Jäger ließ in einer Entfernung von 150 Yards [137 Meter] an der Steuerbordseite von uns ab. Beide Flugzeuge richteten keine Beschädigungen an."[35]

Jack kommt ebenfalls auf die verstorbenen australischen Kameraden zu sprechen, die John in Briefen an die Eltern erwähnt: *„Die sieben Flieger, die auf dem großen Foto vor dem Lancaster-Flugzeug zu sehen sind, gehören alle einer australischen Besatzung an, die mit uns in einer Unterkunft in Wickenby waren. Wir hatten eine großartige Zeit mit denen und waren sehr mitgenommen, als sie von einem Einsatz im Oktober 44 nicht zurückkamen. Wie ich unlängst erfuhr, sind sie alle ums Leben gekommen."* Hier wird deutlich, dass die auf einem Royal-Air-Force-Flugplatz stationierten Soldaten oft wenig oder gar nichts über das Schicksal vermisster Besatzungen wissen.

Und noch etwas: Zum Schluss legt Jack noch ein Foto bei. Es zeigt ihn, Bert, den beim Absturz am 14. Oktober 1944 abgestürzten australischen Piloten Ray Clearwater und Reg und Harry. Jack erwähnt auch ein Foto, auf dem seine komplette Besatzung vor einem Lancaster-Bomber steht. Dieses ist leider bis heute nicht wieder aufgetaucht.

Jack Kenworthy, Bert Hall, Ray Clearwater, Reg Veitch und Harry Parry – Foto: John Patterson

Am 5. Februar 1949 erhält John Richard Elbert Patterson den letzten Brief von der Royal Canadian Air Force. Nur zwei Tage später erhält Mary Isabel Hall nahezu die gleiche Mitteilung – vier Jahre und zwei Monate nach dem Tod der Söhne: *„Wir haben einen Bericht unserer Untersuchungs- und Nachforschungseinheit für Vermisste erhalten, dass Ihr Sohn auf den dauerhaft angelegten Britischen Militärfriedhof im Reichswald, Deutschland, umgebettet wurde. Der Friedhof ist als Reichswald Waldfriedhof bekannt und befindet sich drei Meilen [ca. fünf Kilometer] südwestlich von Kleve, Deutschland und zwölf Meilen [ca. 19 Kilometer] südöstlich von Nimwegen, Holland. Ihr Sohn ruht auf diesem Friedhof in Grab Nr. 1, Reihe D, Feld Nr. 8. Zwei Mitglieder seiner Besatzung, Flying Officer R. C. Veitch (Royal New Zealand Air Force) und Sergeant L. Hunt (Royal Air Force) ruhen auf dem gleichen Friedhof in benachbarten Gräbern. Das Grab von Flight Lieutenant B. E. W. Hall (R. C. A. F.), einem weiteren Besatzungsmitglied Ihres Sohnes, wurde in Hilden, sechs Kilometer südöstlich von Düsseldorf gefunden. Auch er wurde auf den Britischen Reichswaldfriedhof umgebettet und ruht in Grab Nr. 1, Reihe F, Feld Nr. 1."*

Eine nur grobe Zusammenfassung über die Schicksale der bei dem Absturz ums Leben gekommenen Besatzungsmitglieder folgt: *„Die Recherchen der Vermissten-Nachforschung hat ergeben, dass Ihr Sohn und seine Besatzungsmitglieder, die auf dem Düsseldorfer Nordfriedhof beerdigt wurden, dabei waren, das Flugzeug mit dem Fallschirm zu verlassen. Alle drei wurden mit teilweise geöffneten Fallschirmen aufgefunden. Das Flugzeug ist mit großer Wucht aufgeschlagen und die Vermutung von Flying Officer Harry Parry (R.A.F.) kann bestätigt werden, der nach dessen Absprung und dem Öffnen des Fallschirms eine Rauchfahne hinter sich sah und dass die Treibstofftanks kurz danach explodiert sind. Es kann ebenfalls bestätigt werden, dass der in dem Grab in Hilden gefundene Flying Officer Hall, sechs Meilen von Düsseldorf entfernt, ebenfalls das Flugzeug hat verlassen können und bei diesem Versuch ums Leben kam."* Was ihrem Mann in Erkrath-Unterfeldhaus widerfahren ist – davon erfährt Mary Isabel Hall nichts.

Während die Amerikaner ihre in Deutschland gefallenen Soldaten meist in die USA überführten und dort beerdigten, haben die britischen Soldaten auf mehreren Sammelfriedhöfen in Deutschland ihre letzte Ruhe gefunden. Eine Richtlinie des National British Commonwealth legt fest, dass sämtliche britischen Flugzeugbesatzungen, deren Erstgrablagen in Deutschland sind, auf zentrale britische Militärfriedhöfe in Deutschland umgebettet werden. Diese werden von der Kriegsgräberfürsorge dauerhaft gepflegt und in gebührender Ehrerbietung unterhalten. Der Britische Ehrenfriedhof im Reichswald bei Kleve ist mit 7672 Gräbern bundesweit der Größte. Weit über die Hälfte der Toten gehören Flugzeugbesatzungen des Commonwealth an, die bereits kurz nach Ende des Krieges von den lokalen Friedhöfen, unter anderem vom Düsseldorfer Nordfriedhof und dem Hildener Hauptfriedhof, hierher umgebettet werden.

Der Britische Ehrenfriedhof im Reichswald – Foto: Thomas Boller

Bertram Edward William Halls letzte Ruhestätte auf dem Reichswaldfriedhof – Foto: Thomas Boller

John Pattersons letzte Ruhestätte auf dem Reichswaldfriedhof – Foto: Thomas Boller

Reginald Veitchs und Leslie Hunts letzte Ruhestätte auf dem Reichswaldfriedhof – Foto: Thomas Boller

DIE OPFER

Name	VEITCH, REGINALD CLIVE	HUNT, LESLIE	PATTERSON, JOHN RICHARD	HALL, BERTRAM EDWARD WILLIAM
Initialen	R C	L	J R	B E W
Nationalität	Neuseeland	Großbritannien	Kanada	Kanada
Rang	Flying Officer (Pilot)	Sergeant (Bordschütze)	Pilot Officer (Bordschütze)	Flight Lieutenant (Funker, Bordschütze)
Regiment	Royal New Zealand Air Force	Royal Air Force Volunteer Reserve	Royal Canadian Air Force	Royal Canadian Air Force
Einheit	12 Sqdn	12 Sqdn	12 Sqdn	12 Sqdn
Alter	29	23	21	31
Todesdatum	12.12.1944	12.12.1944	12.12.1944	12.12.1944
Erkennungsnumme	415208	1577634	J/93274	J/21053
Zusätzliche Informationen	Sohn von Ernest Andrew und Marion Louise Veitch, Waimate, Canterbury, Neuseeland	Sohn von Albert and Mary Ellen Hunt, Derby	Sohn von J. R. Elbert, Sohn von Albert and Mary Ellen Hunt, Derby. Sohn von J. R. Elbert Patterson und S. Myrtle Patterson, Ottawa, Ontario, Kanada.	Sohn von Edward Franklin (Ernie) Hall und Margaret Hall, Toronto, Ontario, Canada; Ehemann von Mary Isobel Hall, Toronto.
Grablage	8. C. 17.	8. C. 18.	8. D. 1.	1. F. 1.

Fünf Tage später verfasst John Richard Elbert Patterson einen letzten, versöhnlichen Brief an die Royal Canadian Air Force. Er bedankt sich für die sorgfältigen Untersuchungen und Anstrengungen, die für den eigenen Sohn und dessen ums Leben gekommene Kameraden unternommen worden sind. Besonders hebt er hervor, dass ihm und seiner Frau die Hinweise auf die teilweise geöffneten Fallschirme wichtig sind. Er fügt hinzu, dass sie „zumindest dem Horror, in dem Flugzeug eingeschlossen zu sein", entkommen sind. „Die von Ihnen bereitgestellten Informationen stellen für meine Frau und mich ein großes Maß an Trost dar, ebenso das so taktvoll ausgedrückte Mitgefühl."

SPÄTE KONTAKTE

In den Monaten nach dem Unglück herrscht ein reger Kontaktaustausch zwischen den Hinterbliebenen und den Überlebenden. Auch wenn dieser mehr und mehr ausläuft – einige bleiben fast 50 Jahre lang bestehen. Nach dem Tod des Vaters ist es Johns Bruder Doug Patterson, der mit Jack Kenworthy über viele Jahre hinweg Kontakt hält. Beide werden Freunde. Während eines Urlaubs in Großbritannien im Jahr 1977 treffen sich die beiden das erste Mal in Manchester. Die weitere Reise bringt Doug und dessen Frau Dorothy „Dot" nach Derby in England. Dort wohnen Albert und Mary Hunt, Leslies Eltern.

Im Jahr 1977 entstand diese Aufnahme. Zu sehen sind Johns Mutter Myrtle Patterson, Lelies Schwester Jean und deren Mutter Mary Hunt – Foto: John Patterson.

Diese Aufnahme von Albert und Mary Hunt ist im Jahr 1975 entstanden. Man beachte das Flugzeug am rechten Rand des Fotos – Foto: John Patterson

Zwei Jahre später kommt es zu einem weiteren, bewegenden Besuch der Hunts. Nun ist auch Johns Mutter Myrtle dabei. Über 30 Jahre nach dem Tod der Söhne lernen sich die beiden Mütter persönlich kennen. Und noch jemand ist dabei: Les Hunts Schwester Jean.

Im Jahr 1980 treffen sich Doug und Jack erneut, dieses Mal reisen sie nach Deutschland. Gemeinsam besuchen sie den Soldatenfriedhof in Reichswald, auf dem John, Reg, Bert und Leslie ihre letzte Ruhestätte gefunden haben.
Womit Jack nicht rechnet:
Unmittelbar neben den besuchten Gräbern liegt eine weitere, einst befreundete Besatzung – die des Piloten Ray Clearwater.

Doug Patterson 1980 am Grab seines Bruders John – Foto: John Patterson

Auch Jack Kenworthy lässt sich am Grab seines Kameraden John fotografieren – Foto: John Patterson

Das, was den Beiden rund um den 12. Dezember 1944 widerfahren ist, schweißt auch Jack Kenworthy und Harry Parry ein Leben lang freundschaftlich zusammen. Das letzte bekannte Foto, auf dem beide abgebildet sind, sendet Jack 1993 an Doug Patterson nach Kanada. Jack stirbt am 7. Januar 2005 im Alter von 84 Jahren. Harry überlebt ihn lediglich um zwei Tage. Er wird 90 Jahre alt.

Das letzte bekannte Foto von Jack Kenworthy und Harry Parry. Entstanden ist es im Jahr 1993 – Foto: John Patterson

UND GUSTAV MOHR?

Auch für Gustav Mohr verläuft es an dem Abend anders als geplant. Spätestens 170 Kilometer von Essen entfernt, in der Nähe von Gießen, wird ihm klar, dass er es ebenfalls nicht bis zu seinem Heimatflughafen schafft. Was ist passiert? Gegnerische Geschosse haben sein Jagdflugzeug getroffen, sein Motor fängt Feuer. Haben John Patterson oder Leslie Hunt, die Bordschützen des Lancaster-Bombers, die Salven auf ihn abgegeben und ihn erwischt?

Gustav Mohr bleibt keine andere Wahl: Er öffnet die Haube der Bf 109 und springt mit dem Fallschirm ab. Schwer verletzt wird er in ein Lazarett gebracht und ist lange Zeit dienstuntauglich. In seinem Flugbuch wird notiert: „Wilde Sau Essen Duisburg, Abschuss 4-mot, Motorschaden, Fallschirmausstieg, Garbenteich bei Gießen." Als „Wilde Sau" wird ein Angriffsverfahren der deutschen Luftwaffe auf feindliche Bomber bezeichnet, bei dem Tagjäger ohne spezielle Ausrüstung für die Nachtjagd verwendet werden. Über dem Ziel werden die Bomber mit Scheinwerfern vom Boden aus angestrahlt und sind somit für die deutschen Jäger sichtbar.

Erst kurz vor Kriegsende geht Gustav Moor nochmals in die Luft, absolviert lediglich zwei halbstündige Werkstattflüge.

Ausschnitt aus Gustav Mohrs Flugbuch, linke Seite - Quelle: Traditionsgemeinschaft Boelcke e.V.

Ausschnitt aus Gustav Mohrs Flugbuch, rechte Seite. Dort ist auch der Abschuss am 12. Dezember 1944 vermerkt.

EIN NETZWERK ENTSTEHT

Nach den Untersuchungen im Wildpark sollte mit der gemeinsamen Erstellung und Abgabe des Fundberichts an das Rheinische Amt für Bodendenkmalpflege in Overath die Recherchearbeit ursprünglich abgeschlossen sein. Über Monate hat die kleine Gruppe ehrenamtlicher Archäologen aufwendig eine große Fläche im Düsseldorfer Wildpark durchsucht, eine Vielzahl an Wrackteilen gefunden und diese, soweit möglich, identifiziert. Auch der Flugzeugtyp kann eindeutig zugeordnet werden, sogar die genaue Kennung und Herkunft. Die Namen der sieben Männer an Bord des Lancaster-Bombers können identifiziert werden – und der des deutschen Piloten, der den Nachtjäger gesteuert hat.

Eine große Hilfe sind dabei zunächst das Royal Air Force Museum in Hendon sowie später die Royal Air Force Memorial Collection, ein Archiv auf dem Flugplatz in Wickenby – also dort, wo die Bomberbesatzung einst stationiert war und zu ihrem letzten Flug aufgebrochen ist. Bereitwillig wird aus den Archiven eine Fülle von Unterlagen zur Verfügung gestellt.

Aber wäre es nicht mindestens genauso interessant, mehr über die Menschen zu erfahren, die in den beiden Flugzeugen saßen, und deren Angehörige? Wie soll man

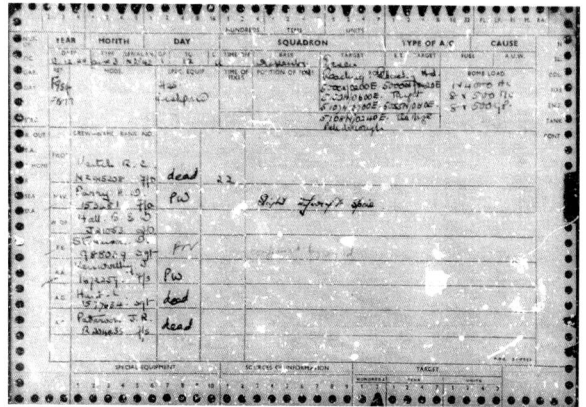

Flugkarte – Quelle: Royal Air Force

das nach mehr als sieben Jahrzehnten noch herausfinden? Zudem kommen die Männer aus verschiedenen Teilen der Welt: Neuseeland, Kanada, Großbritannien – und Deutschland. Ist es möglich, an weitere Erkenntnisse zu gelangen oder gar Kontakte zu Betroffenen oder Angehörigen zu knüpfen? Die Zweifel überwiegen. Womit zu dieser Zeit niemand rechnet: Diese Geschichte ist noch lange nicht abgeschlossen. Vielmehr wird sich ein weltweites Netzwerk bilden – durch den damaligen Flugzeugabsturz entstehen Freundschaften.

Bereits der erste Ansatz in diese Richtung überrascht: „Reginald Veitch RNZAF ND342" – zu diesen Begriffen finden sich in einer Internet-Suchmaschine spannende Informationen. Der Name des Piloten, die Abkürzung für die Royal New Zealand Air Force sowie die Seriennummer des Lancaster-Bombers führen tatsächlich zu einem Artikel über Reg Veitch. Verfasst hat ihn ein neuseeländischer Major im November 2011 in einem Magazin der Royal New Zealand Air Force. John Govan berichtet, dass sein Freund Robin Veitch in den Hinterlassenschaften seines verstorbenen Vaters einige Dokumente über seinen Onkel Reg gefunden hat – ein Kapitel trauriger Familiengeschichte, das Robin sehr berührt.

Ob Robin wohl bereit wäre, weitere Auskünfte über seinen Onkel zu geben? Die Kontaktaufnahme zu ihm daraufhin ist schwieriger als vermutet. Auch die Anfrage bei der RNZAF führt leider ins Leere. Doch über ein digitales Netzwerk wird später der Major gefunden. Auf die folgende Anfrage antwortet John Govan prompt und leitet die Kontaktdaten weiter, worauf sich kurz danach der eigentlich Gesuchte meldet: Robin Veitch. Groß ist die Überraschung in Neuseeland, denn dort hat niemand damit gerechnet, dass sich ausgerechnet in Deutschland noch jemand für Reg Veitch interessiert:

„Unsere Familie ist sehr an deiner Recherche interessiert. Ich kann dir ein paar persönliche Unterlagen zukommen lassen." Folgerichtig fügte er hinzu, dass diese den Untersuchungen sicherlich eine besondere, persönliche Note geben werden.

Die von Robin bereitgestellten Briefe und Dokumente spiegeln das Leid und die Trauer über den Verlust wider: Die Briefe von Jack Kenworthy, verfasst kurz nach dessen Heimkehr aus der Gefangenschaft. Oder der von Audrey Chapman, dem Mädchen aus dem Offizierskasino in Wickenby. Einen besonderen Stellenwert haben die Fotografien, auf denen Reg abgebildet ist – nun kann man sich ein Bild des Menschen, der sich hinter dem anfangs nur bekannten Namen verbirgt, machen. Das Andenken an Reg Veitch ist bis heute in der neuseeländischen Familie tief verwurzelt. Er hat das College abgeschlossen, einen Schulabschluss, den hier zuvor niemand erreicht hatte. Robin Veitch: „Reg war mein Onkel, den ich nie kennengelernt habe. Trotzdem war er der Held meiner Kindheit." Als Jugendlicher trägt Robin stolz Regs Air-Force-T-Shirts. Diese stammen ursprünglich aus dessen Spind in Wickenby und gehörten zu den persönlichen Gegenständen, welche die Familie kurz nach dem Krieg zurückerhalten hat. Eine Frage beschäftigte die Familie in Neuseeland seit jeher: Hat Reg es noch geschafft, das Flugzeug zu verlassen? Endlich erfährt die Familie, dass es ihm gelungen ist. Ebenso, wo sich die Absturzstelle des Flugzeugs befindet.

Über Robin Veitch kommt ein weiterer Kontakt zustande, dieses Mal nach Großbritannien: zu Marc Hall, einem britischen Luftfahrthistoriker und Autor diverser Publikationen, die sich mit den Einsätzen der Royal Air Force im Zweiten Weltkrieg befassen. Auch wenn sein Nachname es vermuten lässt: verwandt mit dem Funker des Lancaster-Bombers Bert Hall ist er nicht. Marc hat Robin Veitch kurz zuvor ausfindig gemacht. Von Reg Veitchs Besatzung interessiert ihn vor allem, was Bert Hall zugestoßen ist. Dass auch in Düsseldorf der Absturz des Lancaster-Bombers erforscht wird – davon weiß er zu diesem Zeitpunkt noch nichts.
Der Brite kennt auch das bereits erwähnte Gruppenfoto, auf dem Reg Veitch und einige seiner Besatzungsmitglieder sowie der Pilot Ray Clearwater zu sehen sind. Was für ein Zufall: Rays Besatzung hat ein Cousin von Marcs Großvater, Richard Wolsey, angehört.

Über Marc wird ein weiterer Hinterbliebener kontaktiert, dieses Mal in Kanada: John Patterson. Er ist der Neffe des hinteren Bordschützen John Richard Patterson. Wie in Neuseeland ist auch in Kanada das Erstaunen groß, dass über das Schicksal des gefallenen Onkels in Deutschland geforscht wird. Da John erst mehrere Jahre nach dem Tod des Onkels geboren wird, kennt auch er ihn nur aus Erzählungen. Aber sein Vater, Doug Patterson, der ältere Bruder des hinteren Borschützens, lebt noch. Er ist zu diesem Zeitpunkt über 90 Jahre alt. Vater und Sohn sind sehr an den Recherchen aus Düsseldorf interessiert. Davon inspiriert, wird Doug wenige Wochen später ein bewegendes Telefonat führen.

Auch die Pattersons stellen eine Fülle an Informationen zur Verfügung. Darunter sind die 40 Briefe des jungen Heckschützen, die er während seiner Stationierung in Großbritannien an seine Eltern und den Bruder Doug geschrieben hat. Hinzu kommt der spätere Briefverkehr zwischen den Eltern. Doug hat auch die Briefe der drei Überlebenden aufbewahrt, in denen sie unter anderem auf die tragischen letzten Momente an Bord des Flugzeugs eingehen – und einstimmig bezeugen, nach dem Angriff des Nachjägers nichts mehr von John gehört zu haben.

Bereits in den 1990er-Jahren hat Doug Patterson die Geschichte seines Bruders aufgerollt und erforscht. Inspiriert haben ihn dazu interessierte Fragen seines Sohnes John und dessen Tochter Sarah. Unter dem Titel „My Brother, John R. Patterson" verfasst Doug eine eindrucksvolle Zusammenfassung. Als Grundlage dienen ihm die vorhandene Briefkorrespondenz sowie Johns Militärunterlagen, die er aus dem Kanadischen Nationalarchiv erhält. Bei der Auswertung der Daten stößt Doug immer wieder auf ein interessantes Detail: die Zahl 12. „John diente im 12. Geschwader und verlor sein Leben am 12. Tag des 12. Monats im Jahr 1944. Seine Musterung fand am 21.12.42 statt. Addiert man die Zahlen, ergibt das 12. Der Tag, an dem Johns komplette Besatzung bei dem Flugunfall in der Trainingseinheit in England ihr Leben verlor, war am 2.2.44. Auch das gibt addiert die Zahl 12."
Aber noch etwas zeichnet Doug aus: die persönlichen Erinnerungen an seinen Bruder. *„Johns Überfahrt nach Europa begann am 30. Oktober 1943. Ich kann mich immer noch sehr gut daran erinnern, wie ich John zum alten Ottawa Union Bahnhof gebracht habe. Von unseren Eltern hat er sich vermutlich zuhause verabschiedet. John zog in den Krieg, doch wir taten so, als wäre es nur ein kleiner Ausflug, irgendwohin. Natürlich kam mir der Gedanke, dass er nicht zurückkommen könnte. Doch diesen versuchte ich zu verdrängen. Am Union Bahnhof sah ich John das letzte Mal."*

Über Gustav Mohrs weiteren Lebensweg nach dem Krieg ist zunächst wenig herauszufinden. Später kann über Umwege ganz in der Nähe seines Geburtsorts Selbitz, westlich der oberfränkischen Stadt Hof, der Sohn des deutschen Fliegers ausfindig gemacht werden. Bereitwillig berichtet Thomas Mohr, dass sein Vater nach dem Krieg geheiratet hat und aus der Ehe zwei Kinder hervorgehen. Gustav Mohr studiert Betriebswirtschaftslehre, promoviert und gründet eine Steuerkanzlei. Diese wandelt er später in einen Steuerverlag um und verlegt eine Fachzeitschrift. Für deren Herstellung wiederum gründet er eine Druckerei, die heute noch besteht und von seinem Sohn Thomas und dessen Tochter fortgeführt wird.

Auf die Frage, was Thomas Mohr über die Aktivitäten seines Vaters während des Krieges bekannt ist, antwortet er: *„Von seinen Kriegseinsätzen hat mein Vater sehr wenig erzählt, nur dass er selbst zweimal abgeschossen wurde und wie durch ein Wunder überlebt hat, wenn auch mit Folgeschäden. Von ein oder zwei eigenen Abschüssen hat er wohl auch einmal berichtet. Beim Auflösen seiner Wohnung haben wir unter anderem sein Flugbuch gefunden."*

Gustav Mohr wird 81 Jahre alt. Er stirbt im März 2000.

Quasi vor der Haustür, in Großbritannien, stößt Marc Hall auf den Sohn des Bombenschützen, David Kenworthy. Auch dessen Kontaktdaten leitet Marc nach Düsseldorf weiter. Davids Vater Jack erzählt ihm und seinen Geschwistern wenig über seine Kriegserlebnisse. Sie wissen lediglich, dass er während des Krieges mit dem Flugzeug abgestürzt ist. Wie es den anderen Besatzungsmitgliedern ergangen ist, erfahren sie nicht. David findet erst nach dem Tod des Vaters heraus, dass dieser nach dem Krieg eine Zeit lang öffentliche Vorträge über das Erlebte hält. Hier geht es hauptsächlich um die Kriegsgefangenschaft in Deutschland.

Vorder- und Rückseite von Jack Kenworthys Hundetrainer-Buch, erschienen 1969 im „The Pet Libery Ltd." Verlag – Foto: Thomas Boller

Ein paar handgeschriebene Notizen haben die Jahre überdauert. Kurios: Während der Kriegsgefangenschaft lernt Jack die Deutschen Schäferhunde schätzen – und das, obwohl er und seine Mitgefangenen von solchen Hunden bewacht werden. Zurück in England, entwickelt er eine Leidenschaft für diese Hunderasse, wird professioneller Hundetrainer – und nennt einen seiner Hunde „RAF".

Fast nebenbei erwähnt David, dass seine Mutter Sheila noch lebt. Auch sie ist bereits über 90 Jahre alt. In einer E-Mail schreibt sie nach Düsseldorf, wie sie Jack einst in einem Tanzhaus kennengelernt hat. Sie kann sich sogar daran erinnern, dass Jack sie mit einigen Besatzungsmitgliedern während der Urlaube besucht hat. Das ist in der Zeit, als er in Wickenby stationiert ist. So berichtet John Patterson am 18. November 1944 seinen Eltern, dass er während eines Urlaubs zwei Tage in Doncaster gewesen sei. Eben dort lebt zu diesem Zeitpunkt Jacks Verlobte Sheila, die er später heiratet.

„Im Dezember 1944 habe ich von Jacks Stiefschwester erfahren, dass er abgeschossen wurde. Meine Mutter hörte jeden Morgen um 8 Uhr die Sendung von Lord Haw Haw[36]. Er verkündete Details über Kriegsgefangene. In der letzten Januarwoche des Jahres 1945 hörte sie im Radio etwas über Jack. Danach gab es keine weiteren Meldungen, bis Jacks Eltern von einem Mann, der gemeinsam mit ihm bei dem Todesmarsch war, Informationen erhielten. Anfang Mai kam er nach Hause." An eine weitere Begebenheit erinnert sie sich, die Jack ihr erzählt hat: *„Bei einem Flug ist der bekannte BBC-Kriegsberichterstatter Richard Dimbleby mitgeflogen."* Tatsächlich fliegt Dimbleby am 14. Oktober bei einem Einsatz auf Duisburg mit, allerdings nicht mit Reg Veitchs Besatzung. Hier wiederum kommt Wing-Commander Maurice Stockdale ins Spiel, denn in dessen Lancaster-Bomber begibt sich der Reporter. Der Einsatz wird in diesem Buch mehrfach erwähnt, unter anderem, weil die befreundete Besatzung des Piloten Ray Clearwater an dem Tag abstürzt und ums Leben kommt.

Später stellt sich heraus, dass David Kenworthy in Neuseeland, ganz in der Nähe von Robin Veitch, einen Zweitwohnsitz hat und sich daher ein Treffen förmlich anbietet. Am 5. März 2013 empfängt der Sohn des Bombenschützen den Neffen des Piloten: Sie tauschen ihr Wissen, Dokumente und Fotos aus. Natürlich sprechen sie auch über die archäologischen Ergebnisse aus Düsseldorf und den Stand der Recherchen in Deutschland. Womit David nicht rechnet: Robin überreicht ihm ein kleines Büchlein zur Identifikation von Flugzeugen.

Daniel und dessen Vater David Kenworthy, Robin Veitch (v. l. n. r.) – Foto: Familie Veitch

Ursprünglich hat es seinem Vater Jack gehört. Nach Neuseeland gelangt es im Jahr 1945 – zusammen mit Regs Nachlass aus Wickenby. Die Familie Kenworthy erhält somit nach 68 Jahren ein Erbstück und Zeitdokument zurück.

Und dann ist da noch ein spannender Kontakt, den John Patterson herstellen kann: Er findet Elinor, die damalige Freundin seines Onkels, in Kanada. Zwischen ihr und seinem Vater Doug kommt es Ende 2014 zu dem bereits angekündigten, bewegenden Telefonat. Selbstverständlich kann Elinor Havill, wie sie heute heißt, sich an John erinnern. *„Wahrscheinlich hätten wir geheiratet, wenn John zurück aus dem Krieg gekommen wäre."* Die beiden plaudern noch eine Zeit lang vergnügt miteinander.

Doug stirbt am 25. Dezember 2015 im Alter von 94 Jahren. Beim Sichten der Unterlagen seines Vaters Doug stößt John Patterson auch auf einen Briefwechsel zwischen seinen Großeltern und Bert Halls Bruder Norman. Der schreibt in den 1990er-Jahren, dass einer seiner Söhne nach Chile verzogen sei. Ob er Stephen dort vielleicht ausfindig machen kann? Und tatsächlich: Normans Sohn lebt hier immer noch. Was John umtreibt: Wie soll er Stephen über das, was seinem Onkel Bert einst widerfahren ist, unterrichten? Er entschließt sich für eine kurze, sachliche Darstellung. *„Leider bin ich derjenige, der dir diese Nachrichten übermittelt – Dinge, mit denen keine Familie gerne konfrontiert wird."*

Stephen berichtet, dass sein Vater Norman im Juli 2008 verstorben ist. *„Er sprach nicht sonderlich häufig über den Krieg – weder über gute, noch über schlimme Dinge. Ich kann mich gut daran erinnern, dass meine Großmutter Margaret und mein Vater häufig über Bert gesprochen haben. Meine Mutter erzählte mir, dass er abgeschossen wurde und niemand wusste, was ihm widerfahren ist. Ich weiß von Gesprächen zwischen meinem Vater und meiner Großmutter, in denen es um Berts Verlust ging. Beide waren jedes Mal emotional sehr berührt. Mein älterer Bruder Ed, Edward Norman Hall, sah in jungen Jahren Bert wie aus dem Gesicht geschnitten ähnlich und wurde häufig mit ihm verglichen."*

Wenig später meldet sich auch Edward Hall zu Wort: *„Mein Vater hat mir einmal berichtet, dass seine Mutter geäußert habe, Bert habe den Absturz überlebt und starb danach. Ich weiß nicht, woher sie diese Informationen hatte."*

DER 70. JAHRESTAG – EIN TREFFEN AN DER ABSTURZSTELLE

Für den 12. Dezember 2014 ist eine kleine Gedenkfeier angedacht. Die Resonanz auf die Einladung ist überwältigend: Die Düsseldorfer Bürgermeisterin Klaudia Zepuntke sagt sofort zu. Trotz des eisig kalten Wetters sind fast zwei Dutzend Besucher am „Lindenplätzchen", also unmittelbar neben der damaligen Absturzstelle, anwesend. Und es gilt auch, einen Ehrengast zu begrüßen: John Patterson ist mit seiner Frau und Tochter aus Kanada angereist.

Die Begrüßungsrede der Bürgermeisterin enthält sowohl freundliche wie auch mahnende Worte: Angetan von der Arbeit der ehrenamtlichen Archäologen und der anschließenden aufwendigen Recherchearbeit würdigt sie den langen und spannenden Weg vom Fund eines kleinen Wrackteils bis hin zu der von Düsseldorf ausgehenden Völkerverständigung nach England, Kanada und Neuseeland. Sie fügt hinzu, dass alles getan werden muss, um Frieden zu erhalten und zu sichern.

John Patterson hebt hervor, welchen unsäglich traurigen Stellenwert jedes Jahr der 12. Dezember für seine Großeltern gehabt hat und es für seinen Vater und ihn immer noch hat. Er berichtet in seiner Rede, wie wichtig und wohltuend es für seine Familie ist, dass an der Absturzstelle und überhaupt in Düsseldorf an seinen Onkel John gedacht wird. Aus den einstigen Feinden sind heute Freunde geworden.
Abschließend trägt Thomas Boller die Idee und den Wunsch vor, am Ort des Geschehens eine Gedenktafel zu errichten – und erhält die Zusage der Bürgermeisterin, dieses Vorhaben zu unterstützen.

Gedenkfeier zum 70. Jahrestag - Bürgermeisterin Klaudia Zepuntke, John Patterson, Thomas Boller – Foto: Tina Butzong

LANCASTER ND342 - PH-U

Als Reg Veitch und seine Mannschaft Ende Juli 1944 nach Wickenby zum 12. Geschwader kommen, absolvieren sie am 10. August einen Übungsflug mit einem Lancaster-Bomber, der hinter der Geschwaderkennzeichnung „PH" ein „U" aufgemalt hat[37]. Dieser wird jedoch nur zwei Tage später von einem Einsatz über Deutschland nicht zurückkehren– fünf der sieben Insassen überleben den Absturz nicht[38].

Durch Beschädigung unbrauchbar gewordene oder bei Einsätzen verloren gegangene Bomber müssen kurzfristig ersetzt werden, nur so kann die volle Leistungsfähigkeit eines Geschwaders aufrechterhalten werden. Der frei gewordene individuelle Buchstabe geht dann auf den Nachfolger über. Im Fall von „U" ist das der Ende 1943 in Manchester gebaute Lancaster-Bomber mit der Seriennummer ND342[39]. Bevor Reg Veitch ihn am 4. September 1944 das erste Mal steuert, ist das Flugzeug bereits für unterschiedliche Geschwader im Einsatz gewesen und demnach nicht mehr fabrikfrisch.

Von den einzelnen Besatzungsmitgliedern können im Laufe der Recherche zu diesem Buch eine Vielzahl von Fotos ausfindig gemacht werden. Aber wie steht es eigentlich um Aufnahmen von dem Lancaster-Bomber mit der Seriennummer ND342? Bildmaterial von Lancaster-Bombern gibt es in der Literatur oder dem Internet zuhauf, einige tragen sogar die Geschwaderkennzeichnung „PH-". Das nachfolgende „U" ist allerdings nur auf ganz wenigen Lancastern zu sehen. Und bei diesen passen entweder das Aufnahmedatum oder technische Details nicht zu dem gesuchten Flugzeug. Einmal mehr ist es Anne Law vom Wickenby Memorial Museum, die ein Foto[40] in ihrem Archiv findet.

Lancaster ND342 - PH-U – Wickenby Memorial Collection

Auf der Aufnahme ist allerdings nicht Reg Veitchs Bomberbesatzung abgelichtet. Vielleicht ist es die von Pilot Officer F. B. Small, er ist nachweislich mit dem Flugzeug mindestens einmal geflogen[41]. Auch wenn die Bildqualität sehr zu wünschen lässt und das „U" nicht vollständig erkennbar ist: Dass es sich definitiv um den später im Düsseldorfer Wildpark abgestürzten Bomber handelt, beweist die Seriennummer ND342. Somit handelt es sich um die einzig bisher bekannte Aufnahme des Flugzeugs.

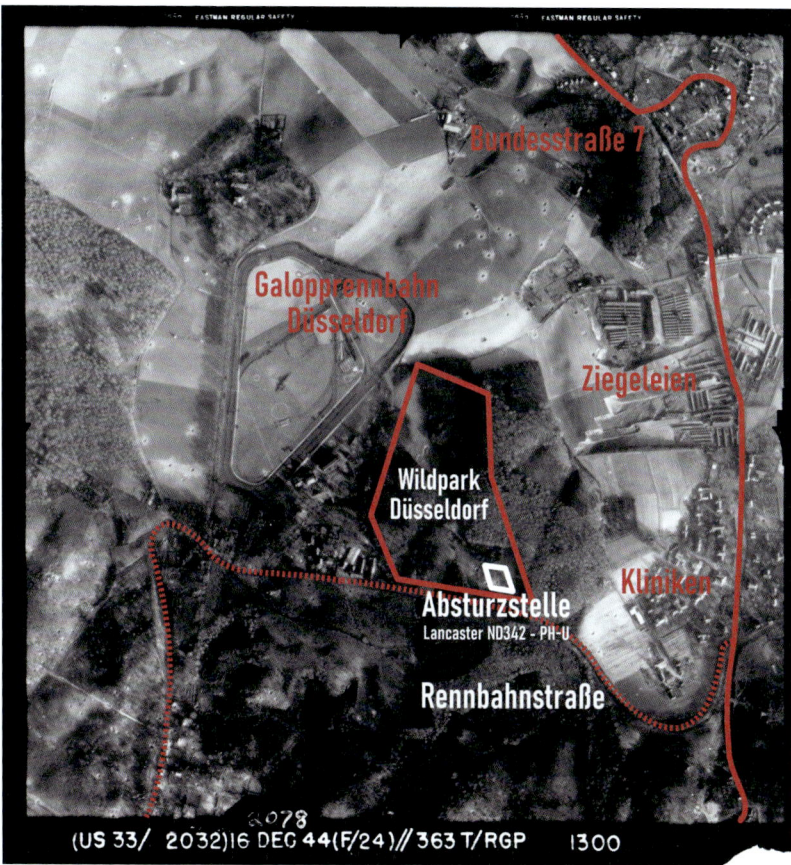

Luftbild, aufgenommen von einem alliierten Aufklärungsflugzeug am 16. Dezember 1944 – National Collection of Aerial Photography (NCAP)

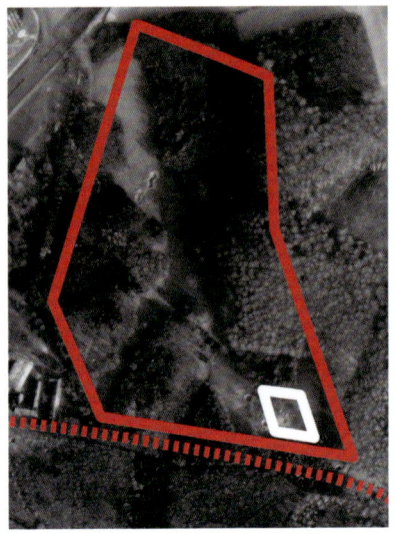 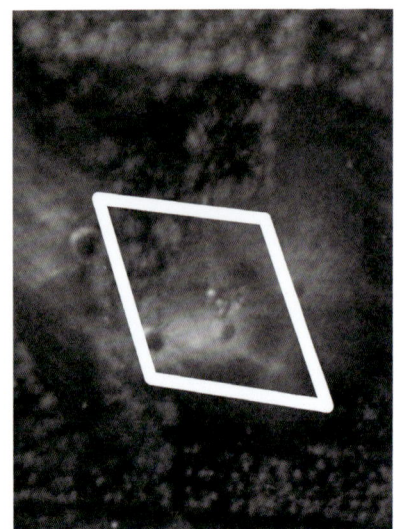

Details an der Absturzstelle

Und von der Absturzstelle? Es ist nicht bekannt, ob das Wrack seinerzeit im Wildpark am Boden fotografiert worden ist – dafür aber vier Tage später aus der Luft. Ein amerikanisches Aufklärungsflugzeug lichtet am 16. Dezember 1944 aus großer Höhe systematisch die Landschaft unter sich ab. Das Foto mit der Nummer 2078[42] zeigt den Wildpark und die direkt angrenzende Galopprennbahn.

Und tatsächlich: Zoomt man den Bereich, wo sich die Absturzstelle befindet, heran, sind oberhalb eines Bombenkraters schemenhaft die Trümmer zu erkennen. Es müssen Teile des Rumpfes sein – exakt an der Stelle, an der die ehrenamtlichen Archäologen über 66 Jahre später die stark verbrannten Metallreste finden werden.

EIN SPÄTER KONTAKT

Kurz vor Fertigstellung dieses Buches werden Jane Richardson und Heather Pope gefunden. Es sind wiederum ein digitales Netzwerk und ein sehr hilfsbereites Mitglied der „Wrexham Family History"-Gruppe, die zu den beiden Schwestern führen. Sie leben in Nordwales und sind Töchter von Harry Parry, dem Navigator des Lancaster-Bombers. Wenig später kommt es am 30. Oktober 2018 in Llangrollen, ganz in der Nähe von Harrys Geburtsort in Nordwales zu einem Treffen mit dem Verfasser dieses Buches.

Jane und Heather sind völlig entzückt, nach Jahrzehnten Kopien der Briefe ihres Vaters in den Händen zu halten. Der hat diese kurz nach Kriegsende an John Pattersons Mutter nach Kanada geschrieben. Des Vaters Handschrift nach langer Zeit wieder zu sehen, berührt sie – ebenso der Inhalt der Briefe. Auf die Frage, welche Gedanken ihr durch den Kopf gingen, als sie erfährt, dass sich in Deutschland jemand für die Kriegsgeschichte ihres Vaters interessiert, antwortet Jane: „Ich fand das faszinierend, wobei es nach so langer Zeit fast schon etwas unwirklich erschien. Dank der mir zur Verfügung gestellten Dokumente und Informationen habe ich Dinge über meinen Vater erfahren, die ich zuvor nicht wusste." Und über das Verhältnis zu Deutschland und den Deutschen berichtet sie: „Mein Vater hat sich nie schlecht über Deutsche geäußert. Im Gegenteil, wir hatten einmal Gäste aus unserer Partnerstadt Iserlohn aufgenommen."

Harry Parry hat ebenfalls nach dem Krieg wenig über seine Erlebnisse erzählt. „Natürlich wussten wir, dass unser Vater während des Krieges mit einem Bomber abgestürzt ist. Aber dass es vier Tote gab, nein, war uns nicht bekannt", erzählen Heather und Jane. Jane fügt hinzu: „Ich erinnere mich, dass ich als Kind einmal ein Geheimfach entdeckt habe, in dem sich ein Kästchen mit Dokumenten befand. Dieses beinhaltete auch das Telegramm, in dem meiner Mutter mitgeteilt wurde, dass mein Vater abgeschossen und für vermisst bzw. gefallen gehalten wurde. Ein beiliegender Zeitungsausschnitt handelte ebenfalls davon." Und dann gibt es noch die Geschichte von einem Kameraden, den Harry während eines Heimaturlaubs mit nach Hause gebracht hat. Seiner letzten Flugzeugbesatzung gehörte dieser zwar nicht an, aber er wird nach dem Krieg dessen Schwester heiraten.

Jane kann sich auch schemenhaft an Jack Kenworthy erinnern und daran, dass dieser Deutsche Schäferhunde gezüchtet hat. Der Name eines Hundes ist ihr in Erinnerung geblieben: R. A. F. – Royal Air Force.

Hochzeitsfoto von Jack und Sheila Kenworthy –
Foto: Jane Richardson und Heather Pope

Die beiden haben auch einige Fotos ihres Vaters dabei. Zu sehen ist er unter anderem während der Ausbildungszeit in der Royal Air Force. Das Beeindruckteste aber zeigt eine Hochzeit – nicht seine eigene, sondern die seines Kameraden Jack Kenworthy. Harry und seine Frau stehen direkt hinter dem frisch vermählten Paar. Unwillkürlich kommen Erinnerungen an Jack Kenworthys bewegenden Brief, den er Ende Juli 1945 an John Pattersons Mutter schreibt, hoch.

Am Ende seines Lebens schimmern bei Harry noch einmal Erinnerungen an seine Kameraden durch. Er ist mittlerweile dement, und seine Frau muss für ein paar Tage ins Krankenhaus. Verwirrt fragt er, warum man ihn von seiner Besatzung getrennt habe.

Was aus William Stevenson geworden ist, konnte bisher nicht in Erfahrung gebracht werden. Er wäre heute 99 Jahre alt. Die Nachfahren von Leslie Hunt ließen sich ebenfalls noch nicht ausfindig machen. Hier wird weiter gesucht. Vielleicht trägt auch das Erscheinen dieses Buches dazu bei.

EINE GEDENKTAFEL

Bei der Gestaltung der Gedenktafel steht fest, dass diese nicht nur eine Würdigung für die bei dem Absturz ums Leben gekommenen Besatzungsmitglieder des Lancaster-Bombers sein soll. Genauso muss an die Menschen in Essen gedacht werden, die Opfer der Bombardierung geworden sind – die Tafel soll ein Mahnmal gegen den Krieg sein.

Die Bürgermeisterin hält Wort, sie setzt sich persönlich für die zügige Umsetzung ein. Schnell ist mit der Forstverwaltung eine geeignete Stelle gefunden: am Lindenplätzchen. Nachdem sich die zuständige Bezirksvertretung bereiterklärt hat, das Projekt finanziell zu unterstützen, werden das Layout erstellt und die Tafel gedruckt. Wieder sind es die Forstbediensteten, die tatkräftig mithelfen: Eine große Eichenplatte, auf der die Gedenktafel montiert ist, wird aufgestellt. Der Einladung folgt am 5. April 2017 eine große Anzahl an Besuchern, dieses Mal sind auch Radio- und Fernsehsender anwesend.

Neben Bürgermeisterin Klaudia Zepuntke ist Dr. Peter Henkel als Vertreter der Mahn- und Gedenkstätte in Düsseldorf anwesend. Er begleitet die Initiative zur Gedenktafel ebenfalls seit Monaten. In seiner Rede ordnet er den Luftkrieg historisch ein und würdigt das Engagement, die persönliche Geschichte der Bomberbesatzung zu erzählen. Aus einem namenlosen Ereignis wird so eine Geschichte von jungen Männern, die durch den Krieg ihr Leben verloren haben oder durch ihn nachhaltig geprägt worden sind. Damit wird ein wichtiger Beitrag zur Völkerverständigung geleistet, denn ehemalige Feinde werden nun Menschen mit einem Gesicht und einem Leben.

Einweihung der Gedenktafel im Düsseldorfer Wildpark. Dr. Peter Henkel, Thomas Boller, Bürgermeisterin Klaudia Zepuntke – Foto: Tina Butzong

Gedenktafel am 75. Jahrestag des Absturzes – Foto: Thomas Boller

Nachwort // **John Patterson**

Aufgewachsen bin ich mit dem Wissen, dass mein Onkel, dessen Vorname ich trage, in einer Lancaster flog und neun Jahre vor meiner Geburt über Deutschland ums Leben kam. Tatsächlich war mir nur ein Bruchteil der gesamten Geschichte bekannt. Selbst mein Vater und Großvater, die diese Zeit durchlebt haben, wussten nicht viel mehr darüber.

Als dann Metall- und Plexiglasteile bei den Untersuchungen im Düsseldorfer Wildpark zutage gefördert wurden, lösten diese bei jemandem die ehrgeizige Neugier aus, mehr über die Besatzungsmitglieder und deren Familien zu erfahren. Sein kompromissloser Entschluss, deren Geschichte aufzudecken und darüber zu berichten, hat mich begeistert. Ich bin dankbar, dass ich an diesem Erfolg mitwirken durfte. Dank Thomas Boller haben nun auch unsere Familien einen Platz in der Geschichte von ND342 und deren Besatzung erhalten.

Der Generation, die Krieg, Kameradschaft, Tod und Verluste erlebt hat, hat die nächste Generation ein weiteres Kapitel hinzugefügt: Dieses handelt von Entdeckung, Erinnerung, Versöhnung und Freundschaft.

John Patterson
Saskatoon, Kanada
27. März 2018

"Bale out chaps, we're hit ..... Good Luck Boys"!!

Reg Veitchs letzte Worte an seine Besatzung - aufgeschrieben von Jack Kenworthy
am 7. Oktober 1945 – Montage: Thomas Boller

Nachwort // **Thomas Boller**

Einige persönliche Anmerkungen seien mir zum Schluss erlaubt: Zwei Protagonisten dieses Buches haben mich besonders berührt: John Patterson und Bert Hall. Dank Johns Briefe an dessen Eltern bzw. Bruder Doug erhielt ich einen intensiven und teils intimen Einblick in das Leben eines jungen Menschen, gleichzeitig eines alliierten Soldaten während des Zweiten Weltkriegs. Stets sein trauriges Ende vor Augen, fühlte es sich an, als würde ich die Briefe eines Freundes lesen, den ich nie kennenlernen durfte.

An den Rand meiner Vorstellungskraft gebracht und tief bewegt hat mich hingegen der Versuch, die letzten Minuten in Bert Halls Leben und das, was ihm im heutigen Erkrath-Unterfeldhaus bzw. auf dem Weg zum Hauptfriedhof in Hilden widerfuhr, aus seiner Perspektive zu betrachten. Eine Vielzahl an Spekulationen und Theorien kamen mir hierzu in den Sinn. Letztendlich fiel es mir schwer, das Kapitel über Bert sachlich und objektiv zu formulieren – ich hoffe, es ist mir dennoch gelungen.

Danksagung //

Der Absturz des Lancaster-Bombers fand zwar nur wenige Hundert Meter vor meiner Haustür in Düsseldorf statt, die Recherchen haben mir allerdings Türen in der ganzen Welt geöffnet. So wäre dieses Buch ohne die Mithilfe und Unterstützung einer Vielzahl von Personen und Institutionen in Kanada, Neuseeland, Großbritannien, Chile und Deutschland nicht zustande gekommen.

Zunächst zolle ich meinen Respekt der unermüdlichen Arbeit, die meine Freunde aus der ehrenamtlichen archäologischen Gruppe geleistet haben. Akribisch und über einen langen Zeitraum haben sie die Absturzstelle nach Fundteilen durchforstet und mich stets, falls ich nicht persönlich bei den Prospektionen oder Grabungen anwesend sein konnte, an ihren Entdeckungen und Erkenntnissen teilhaben lassen. Besonders erwähnt seien hier Gaby und Peter Schulenberg.

Von unschätzbarem Wert und ein wesentlicher Bestandteil dieses Buches sind die privaten Dokumente, Fotos und Erzählungen, die mir Doug und John Patterson, Robin Veitch und dessen Familie, David Kenworthy, Jane Richardson und Heather Pope sowie Thomas Mohr bereitgestellt haben. Gleiches gilt für den britischen Historiker Marc Hall. Er hat den Absturzbericht, die Vernehmungsprotokolle sowie Untersuchungsberichte beigesteuert und war mir ein überaus kompetenter Ratgeber. Nicht vergessen möchte ich die Zeitzeugen, die mir von ihren Beobachtungen berichtet haben. Leider konnte ich bisher keine Verbindung zu den Familien von Leslie Hunt oder William Stevenson knüpfen. Vielleicht trägt das Erscheinen dieses Buches ja dazu bei …
Insgesamt war es mir eine große Freude, während meiner Recherche zu den meisten Personen im Laufe der vergangenen Jahre persönlichen Kontakt gehabt zu haben – zu einigen sind nachhaltige Freundschaften über dieses Buchprojekt hinaus entstanden.

Sehr imponiert hat mir das Engagement der Bürgermeisterin der Stadt Düsseldorf, Klaudia Zepuntke, und deren Verbindlichkeit. Stets am Fortschritt dieses Projektes interessiert, hat sie maßgeblich zur Realisierung der Gedenktafel im Düsseldorfer Wildpark beigetragen. In diesem Zusammenhang möchte ich mich auch bei der Bezirksvertretung 7 sowie dem Garten- und Forstamt der Stadt Düsseldorf bedanken.

Der Düsseldorfer Historiker Dr. Peter Henkel hat die von mir formulierten geschichtlichen Zusammenhänge kritisch unter die Lupe genommen. Seine ausgezeichnete fachliche Expertise habe ich dabei sehr geschätzt – sie hat unter anderem dazu beigetragen, dass ich mich intensiver als bisher mit der Thematik des Flächenbombardements auseinandergesetzt habe und dieses heute deutlich ambivalenter betrachte.

Im Fall des im heutigen Erkrather Stadtteil Unterfeldhaus gelandeten Kanadiers Bert Hall wie auch über den Hildener NSDAP-Ortsgruppenleiter Heinrich Thiele haben mich die Stadtarchive in Erkrath und Hilden vorbildlich unterstützt. Erika Stubenhöfer sowie Dr. Wolfgang Antweiler gilt hier mein besonderer Dank. Gleiches gilt für Dr. Martin Bach vom Institut für Denkmalschutz und Denkmalpflege der Stadt Essen und den Heimatforscher Norbert Krüger. Durch sie erhielt ich einen differenzierten Einblick in die verheerenden Folgen, die der Bombenangriff am 12. Dezember 1944 hinterließ, und darin, welches Leid er den Menschen auf dem Boden brachte.

Anne Law, die bis vor kurzem die Royal Air Force Memorial Collection in Wickenby leitete, hat dieses Projekt ebenfalls maßgeblich geprägt. Sie beantwortete meine Anfragen stets geduldig und hat mich ebenfalls mit einer Vielzahl an Dokumenten versorgt.

Ohne Hanno Parmentier hätte dieses Buch nicht den verbalen und stilistischen Feinschliff erhalten. Er hat mich stets journalistisch-kompetent beraten und in einigen Kapiteln meine Detailverliebtheit im positiven Sinne gebremst. An anderen Stellen hat er mich konstruktiv auf inhaltliche Unklarheiten hingewiesen und mir einmal mehr gezeigt, dass das, was für den Autor eine klare Sache ist, für den Leser noch lange nicht so sein muss. Herzlichen Dank dafür.

Ein frisches, modernes und professionelles Layout waren mir stets ein wichtiges Anliegen.
Melanie Eigenrauch hat dies hervorragend umgesetzt.

Bei Dr. Jürgen Kron und Ute Voges vom Droste Verlag möchte ich mich für die ausgezeichnete Zusammenarbeit und Unterstützung bedanken – vor allem für das in mich und in dieses Projekt gesetzte Vertrauen.

Last, but not least möchte ich Tina Butzong danken. Sie leistete ihren Beitrag, indem sie mich in unserer gemeinsamen Freizeit geduldig hat recherchieren, schreiben und zum Teil auch unsere Urlaubsziele in Großbritannien bestimmen lassen – Letzteres fiel ihr sicherlich nicht wirklich schwer. Sehr genossen und geschätzt habe ich Tinas Hilfe und hervorragende Unterstützung bei den persönlichen Treffen der Angehörigen in Großbritannien und bei uns zu Hause in Düsseldorf. Ganz lieben Dank.

Nachfolgend eine namentliche Auflistung von beteiligten Personen und Institutionen. Sollte ich jemanden vergessen haben, bitte ich dies vielmals zu entschuldigen.

Sheila Bunyard (†), Großbritannien
Edward Hall, Florida
Stephen Hall, Chile
Elinor Havill, Kanada
David Kenworthy, Großbritannien
Thomas Mohr, Deutschland
John Patterson, Kanada
Douglas Patterson (†), Kanada
Susan Reilly, Kanada
Jane Richardson, Großbritannien
Max Robbins, Neuseeland
Robin Veitch, Neuseeland

Reinhard Baade, Wermelskirchen
John Govan, Neuseeland
Marc Hall, Großbritannien
Tony Spendel, Großbritannien

Dr. Axel Bode, Düsseldorf
Lutz Fichtner, Erkrath
Dr. Helmut Grau, Heiligenhaus
Bernhard Kamps, Neuss
Friedel Sackel, Mettmann
Gaby und Peter Schulenberg, Düsseldorf
Jürgen Schulz, Erkrath

Dr. Michael Gechter (†), LVR-Amt für Bodendenkmalpflege im Rheinland, Overath
Dr. Jennifer Morscheiser-Niebergall, LVR-Amt für Bodendenkmalpflege im Rheinland, Overath (heute Institutsleiterin Museum Burg Linn, Krefeld)
Claudia Zepuntke, Bürgermeisterin der Stadt Düsseldorf
Claudia von Rappard, Leiterin Bezirksverwaltungsstelle 7, Düsseldorf-Gerresheim
Karsten Kunert, Bezirksbürgermeister Düsseldorf-Gerresheim

Jörg Hierstetter, Düsseldorf
Björn Porsche, Leiter Wildpark Düsseldorf
Paul Schmitz, Abteilungsleiter Forst, Düsseldorf

Bettina Resch, Leiterin Städtische Friedhöfe Hilden
Stefan Süß, Leiter Nordfriedhof Düsseldorf

Bundesarchiv, Koblenz
Dr. Wolfgang Antweiler, Stadtarchiv Hilden
Dr. Martin Bach, Institut für Denkmalschutz und Denkmalpflege, Stadt Essen
Dr. Theo Boiten, Niederlande
Klaus Dönecke (†), Öffentlichkeitsarbeit/Behördengeschichte, Polizeipräsidium Düsseldorf
Dr. Bastian Fleermann, Mahn- und Gedenkstätte Düsseldorf
Dr. Wolfgang Form, Internationales Forschungs- und Dokumentationszentrum Kriegsverbrecherprozesse, Marburg
Dr. Peter Henkel, Mahn- und Gedenkstätte Düsseldorf (heute Planungsgruppe Haus der Geschichte Nordrhein-Westfalen)
Norbert Krüger, Essen
Anne Law, RAF Wickenby Memorial Collection, Großbritannien
Royal Airforce Museum London, Großbritannien
Dr. Benedikt Mauer, Stadtarchiv Düsseldorf
Erika Stubenhöfer, Stadtarchiv Erkrath

Melvin Brownless, Aircrew Remembrance Society, Großbritannien
Walter Waiss, Traditionsgemeinschaft Boelcke e. V., Neuss
Laura Colangelo, McGill University Archives, Montreal, Kanada
Commonwealth War Grave Commission, Maidenhead, Großbritannien
Patricia Crowfield, Großbritannien
National Archives Canada, Kanada

Heinz Daniels (†), Düsseldorf
Gerd Fandel, Düsseldorf
Joseph Höltgen, Düsseldorf

Oliver Bößer, Düsseldorf
Tina Butzong, Düsseldorf
Melanie Eigenrauch, Düsseldorf
Manfred Hoffmann, Düsseldorf
Christoph Küpper, Erkrath
Dr. Philipp Lilie, Essen
Hanno Parmentier, Düsseldorf
Rüdiger Preiss, Bergisch-Gladbach
Till Schusterjunge, Düsseldorf
Traugott Vitz, Essen

Anhang // Literaturverzeichnis

Air Ministry, Pilot's Notes for Lancaster MKS. 1. 3. 7 & 10., Manchester
Alfred Price, Bomber im 2. Weltkrieg, Stuttgart 1980
Marshall Cavendish Ltd, Target Germany, London 1983
Jack Currie, Lancaster Target, Großbritannien 1985
Campbell Muirhead, The Diary of a Bomb Aimer, Speldhurst 1987
Werner Baumeister (Hrsg.), Castrop-Rauxel im Luftkrieg 1939–1945, Castrop-Rauxel 1988
Mike Garbett und Brian Goulding, Lancaster, Enderby 1992
Peter Jacobs, The Lancaster Story, Wigston 2002
Gebhard Aders, Bombenkrieg, Strategien der Zerstörung 1939–1945, Köln 2004
Werner Held und Holger Nauroth, Die deutsche Nachtjagd, Bildchronik der deutschen Nachtjäger bis 1945, Würzburg 2005
Hanna Eggerath, Thomas Boller, Der alte Flugmotor von Hochdahl-Trills, Die Geschichte der Halifax NP810 – EQ-H, Erfurt 2007
Historischer Verein für Stadt und Stift Essen e.V., Das Kriegsverbrechen auf der Wickenburgbrücke am 13. Dezember 1944, Essener Beiträge, Beiträge zu Stadt und Stift Essen, 120. Band, S. 299–318, Essen 2007
Jarrod Cotter und Paul Blackah, Avro Lancaster, 1941 onwards (all marks), Sparkford 2008
Patrick Bishop, Bomber Boys. Fighting Back 1940–1945, London 2010
Jonathan Falconer, RAF Bomber Crewman, Oxford 2010
Norman Franks, Ton-Up Lancs. A photographic history of the thirty-five RAF Lancasters that each completed one hundred sorties, London 2010
Thomas Boller, Ein alter Flugmotor und seine Geschichte, Jahrbuch des Kreises Mettmann 2010/2011, S. 130–134, Mettmann 2011
Stuart Hadaway, The British Airmen of the Second World War, Oxford 2013
Thomas Boller, Peter Schulenberg, Wrackteile eines englischen Bombers im Grafenberger Wildpark, Archäologie im Rheinland 2012, S. 256–258, Darmstadt 2013
Dr. Martin Bach, Die Kriegsgräberstätte für sowjetische Zwangsarbeiter der Zeche Graf Beust in Essen, Essen 2014
Dr. Helmut Grau, Marcel Lesaar, Jürgen Lohbeck, Sven Polkläser, Abgestürzt - Die Geschichte von fünf im 2. Weltkrieg in Langenberg, Neviges, Mettmann und Wuppertal abgestürzten Halifax Bombern und deren Besatzungen, Velbert 2014

Thomas Boller, Helmut Grau, Peter Schulenberg, Die Absturzstelle eines deutschen Messerschmitt Bf 110 Nachtjägers, Archäologie im Rheinland 2014, S. 232–234, Darmstadt 2015

Marcel Lesaar, Lancaster-Absturz in Wuppertal-Schöller: Die Geschichte eines Lancaster Bombers, seines Angriffs auf Dortmund, seiner Crew und deren Absturz in Wuppertal-Schöller, Norderstedt 2016

Marcel Lesaar, Bomber-Absturz in Mettmann-Metzkausen: Die Geschichte eines Wellington Bombers – Die Maschine, Angriff auf Bochum und Herne, der Absturz, die Crew, Funde, Norderstedt 2017

Scott Addington, Reaching for the Sky, One hundred defining moments from the Royal Air Force 1918–2018, London 2018

Sean Feast und Marc Hall, Missing Presumed Murdered, One raid, two trails, three missing airmen, Stotfold 2018

Dr. Helmut Grau, Sven Polkläser, Jürgen Stecher, Das Schicksal des Halifax Bombers „Moonlight Mermaid": Der Flugzeugabsturz bei Erkrath im Zweiten Weltkrieg, Norderstedt 2019

Anhang // Endnotenverzeichnis

1. Douglas (Doug) Patterson (1921–2015)
2. Ein „X" hinter dem Namen steht im Englischen als Platzhalter für einen Kuss. Mit vier „X" drückt John somit „ganz viele Küsse" aus.
3. Konkret handelt es sich um die 28. O. T. U. in Castle Donington, ca. 25 km südöstlich von Nottingham. Seinen ersten Übungsflug absolviert John dort am 7. Januar 1944.
4. 28. O. T. U. in Castle Donington
5. Johns Spitzname
6. Quelle: Royal Air Force, Form 551, „Officer or Airman – Report of accidental or self-inflicted injuries or immediate death therefrom"
7. https://www.awm.gov.au/index.php/collection/C225978
8. Vgl. Werner Baumeister, Castrop-Rauxel im Luftkrieg 1939–1945, Castrop-Rauxel 1988, S. 40–41
9. Patrick Bishop, Bomber Boys, S. 389
10. Bevölkerung, Wohnungen u. Kriegsschäden in Essen. Hg.: Stadt Essen 1945. Auszüge, erstellt v. Institut f. Denkmalschutz u. -pflege d. Stadt Essen, M. Bach, 12.03.2010.
11. Vgl. Martin Bach, Die Kriegsgräberstätte für sowjetische Zwangsarbeiter der Zeche Graf Beust in Essen, Essen 2014
12. Vergl. Grayling 2006, S. 215
13. https://www.uspto.gov/
14. Ernst Schmidt, „Das Kriegsverbrechen auf der Wickenburgbrücke am 13. Dezember 1944", Essener Beiträge – Beiträge von Stadt und Stift Essen, 120. Band, 2007
15. Vergl. Sean Feast, Marc Hall, Missing Presumed Murdered, One raid, two trails, three missing airmen, Stotfold 2018
16. Stadtarchiv Hilden, Bestand 3 – LS - Paket 29 - 110 - 126/2-2
17. nach: Peter Dietz, Erkrath in der Zeit der nationalsozialistischen Gewaltherrschaft (Erkrather Monografien zur Stadtgeschichte, Band 2), Erkrath 2007, S. 85, 87 und 194.
18. Quelle: Sterbeurkunde Nr. 253/1943 Standesamt Hilden. Mehreren Zeitzeugen zufolge hat jemand in einem nahe gelegenen Waldstück auf Munition geschossen – aus Spaß. Dabei seien mehrere Kinder ums Leben gekommen, darunter Christian Thieles Sohn.
19. Vgl. LA NRW, Abtl. Rheinland Ger_Rep_0372_00139_0047

20 Internetseite Stadtnetz Radevormwald www.stadtnetz-radevormwald.de, Funddatum 11.02.2017
21 Ehrenamtlicher Bürgermeister von 1945 bis 1946 Quelle: www.hilden.de
22 Stadtarchiv Hilden Bestand III, Paket 30, II S 2/5 Neuordnung der Kriminalpolizei
23 Geheimes Rundschreiben der Parteikanzlei vom 30. Mai 1944 (Nürnberger Dokument PS-057), zitiert im Protokoll des Nürnberger Prozesses, Verhandlung vom 30. Juli 1946, Nachmittagssitzung, siehe auch Barbara Grimm, Lynchmorde an alliierten Fliegern im Zweiten Weltkrieg, München 2007, S. 79
24 Stadtarchiv Hilden, Bestand 3 – LS - Paket 29 - 110 - 126/2-2
25 Vergl. Hanna Eggerath, Thomas Boller, Der alte Flugmotor von Hochdahl-Trills – Die Geschichte der Halifax NP810-EQ-H, Erfurt 2007
26 Sean Feast, Marc Hall, Missing Presumed Murdered, One raid, two trails, three missing airmen, Stotfold 2018
27 LAV NRW, Ger_Rep_0372_00139_0016b
28 LAV NRW, Ger_Rep_0372_00139_0006_1
29 Barbara Suchy, Leo Meyer aus Hilden, Eine dokumentarische Erzählung, Düsseldorf 2016
30 LAV NRW, Ger_Rep_0372_00140_0001
31 Prozess 1948, 00140, S. 127
32 Prozess 1948, 00140, S. 127, S. 138, 139
33 Korrespondenz vom 19.3.2018 mit Dr. Wolfgang Form, Internationalen Forschungs- und Dokumentationszentrum für Kriegsverbrecherprozesse in der Philipps-Universität Marburg
34 Stadtarchiv Hilden, Akte Bestand 3 – LS - Paket 29 - 110-126/2-2
35 Squadron Operation Book, August 1944, RAF Wickenby
36 https://de.wikipedia.org/wiki/Lord_Haw-Haw Zugriffsdatum: 23.08.2018
37 Vergl. Flugbuch John Patterson, Eintrag vom 10. August 1944
38 Vergl. Squadron Operations Record Book, Eintrag vom 12. August 1944
39 Profile Publications No 235 - Avro Lancaster Mk II
40 Registratur Wickenby Memorial Collection: WR 1251
41 Vergl. Squadron Operations Record Book, Eintrag vom 12. September 1944
42 The National Collection of Aerial Photography (UK), 16 Dec 1944, Sortie US33/2032, Frame number 2078
43 Tony Spendel

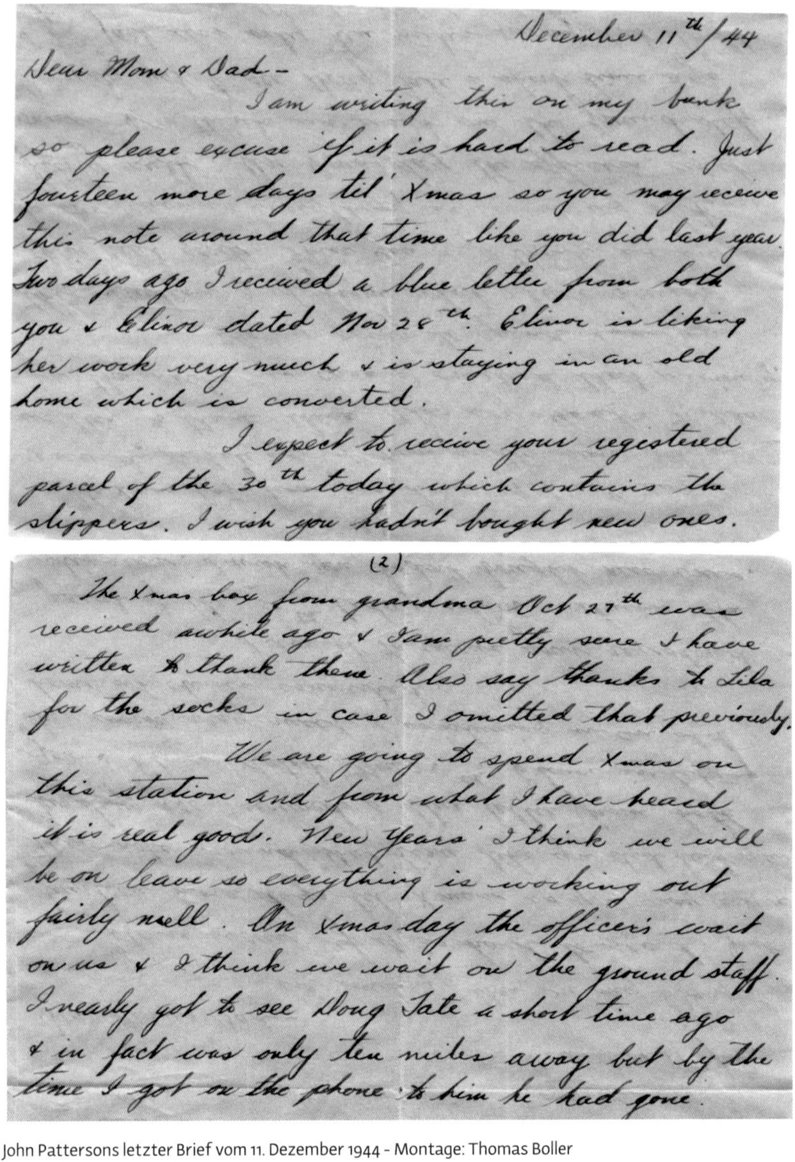

December 11th/44

Dear Mom & Dad –

I am writing this on my bunk so please excuse if it is hard to read. Just fourteen more days til' Xmas so you may receive this note around that time like you did last year. Two days ago I received a blue letter from both you & Elinor dated Nov 28th. Elinor is liking her work very much & is staying in an old home which is converted.

I expect to receive your registered parcel of the 30th today which contains the slippers. I wish you hadn't bought new ones.

(2)

The Xmas box from grandma Oct 27th was received awhile ago & I am pretty sure I have written & thank them. Also say thanks to Lila for the socks in case I omitted that previously.

We are going to spend Xmas on this station and from what I have heard it is real good. New Years' I think we will be on leave so everything is working out fairly well. On Xmas day the officer's wait on us & I think we wait on the ground staff. I nearly got to see Doug Tate a short time ago & in fact was only ten miles away but by the time I got on the phone to him he had gone.

John Pattersons letzter Brief vom 11. Dezember 1944 - Montage: Thomas Boller

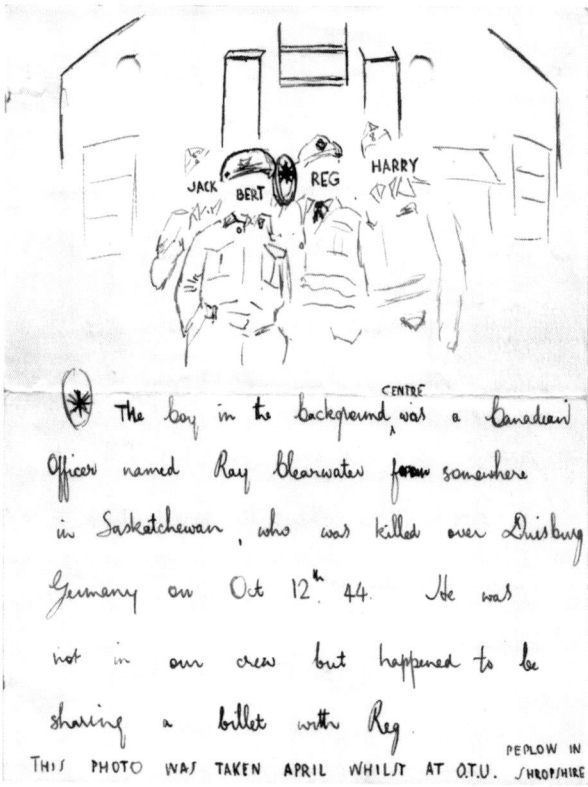

Jack Kenworthys Erläuterung zum Gruppenfoto - Montage: Thomas Boller

Date	Hour	Aircraft Type and No.	Pilot	Duty
2-12-44		LANC U	F/O VEITCH	A/G
3-12-44		LANC U	F/O VEITCH	A/G
12-12-44		LANC U	F/O VEITCH	A/G
12-12-44		LANC U	F/O VEITCH	A/G

Die letzten Einträge in John Pattersons Flugbuch - Foto: John Patterson

		Flying Times	
Remarks (Including results of bombing, gunnery, exercises, etc.)		Day	Night
/C FORMATION		2:50	
PS DAM		4:40	
CERO		1:30	
S ESSEN MISSING			

Huggins S/L
O.C. B FLT.

[signature] W/C
O.C. 12 SQDN.

Luftbildaufnahme vom 16. Dezember 1944 - The National Collection of Aerial Photography